人力资源管理理论与实务系列

员工培训与开发

杨敏杰◎主审　程 亿◎主编

YUANGONG PEIXUN
YU KAIFA

内容提要

本书主要介绍关于员工培训与开发的理论与实务知识。本书分为理论和实训两大部分，具体内容包括员工培训概述、培训需求分析、培训计划与项目设计、培训的实施与管理、培训成果转化、培训效果评估、员工开发、职业生涯管理等。

本书可以作为普通高等院校人力资源管理专业的教材，同时也适合企业经营管理人才、人力资源管理从业者学习参考使用。

图书在版编目（CIP）数据

员工培训与开发 / 程亿主编. —上海：上海交通大学出版社，2025.1

ISBN 978-7-313-24554-0

Ⅰ. ①员… Ⅱ. ①程… Ⅲ. ①企业管理—职工培训 Ⅳ. ①F272.92

中国国家版本馆 CIP 数据核字（2023）第 063563 号

员工培训与开发
YUANGONG PEIXUN YU KAIFA

主　　编：程　亿
出版发行：上海交通大学出版社　　地　　址：上海市番禺路 951 号
邮政编码：200030　　电　　话：021-64071208
印　　制：上海新艺印刷有限公司　　经　　销：全国新华书店
开　　本：710mm×1000mm 1/16　　印　　张：12
字　　数：235 千字
版　　次：2025 年 1 月第 1 版　　印　　次：2025 年 1 月第 1 次印刷
书　　号：ISBN 978-7-313-24554-0
定　　价：58.00 元

总　序

人力资源是推动社会经济发展的第一资源。近年来，党中央、国务院高度重视人力资源服务业的发展，人力资源和社会保障部按照人才强国战略和就业优先战略的部署，制定了促进人力资源服务业发展的一系列政策措施，推动我国人力资源服务行业保持较高增速。目前行业规模更是跨越万亿元门槛，成为推动我国经济发展的重要引擎。

人力资源管理得到了企事业组织的高度重视，如何把握好人力资源规划、职位分析、招聘管理、绩效管理、薪酬管理、培训管理、员工关系管理等人力资源管理中的关键环节，已经成为企事业组织考虑的最重要的问题之一。随着以大数据、移动互联网、人工智能等为特征的新科技时代的来临，企事业组织对员工素质的要求大大提升，人力资源管理面临着更高的要求和更大的挑战。

无论是提高企事业组织的人力资源管理水平，还是建立具有中国特色的人力资源管理理论体系，都需要大批具有先进管理理念、掌握科学管理方法的人力资源管理人才。近年来，社会对人力资源管理专业人才的需求一直居高不下，旺盛的需求同样导致供给的增加。据统计，到目前为止，全国已有 500 多所高校开设了人力资源管理本科专业，这些专业不仅面向企业，也开始逐步面向政府公共部门。因此，提高人力资源管理人才的培养水平已经成为当务之急。

人力资源管理是实践性和操作性很强的专业，更注重应用技术型人才的培养，而应用技术型人才培养的本质在于实践，“人力资源管理理论与实务”系列教材立足于应用技术型人才的培养，充分体现了对实践的尊重。本系列教材的作者们系统总结，提炼和升华了多年的教学实践经验和企事业人力资源管理经验，立足于中国本土企事业组织的招聘管理、绩效管理、薪酬管理、培训管理、员工关系管理等人力资源管理经典模块，以全球视野与互联网时代新思维，全面而立体地剖析人力资源管理的关键方法，对于快速提升学生的人力资源管理水平和技能，具有极大的参考价值。

在浩如烟海的人力资源管理类书籍中，针对人力资源管理入门者、应用技术型人力资源管理人才，围绕人力资源管理的工作流程，提供系统化业务知识指导与实践的书籍相对较少。本套系列教材与其他人力资源管理类书籍相比，有以下两个方面的特点：

其一，精练化的管理理论。本系列教材包括《招聘管理》《绩效管理》《人员素质测评》《员工培训与开发》《薪酬管理》《员工关系管理》等。教材中提炼的管理理念，尽量不基于某一实践个例，而是对近年来解决实际管理问题的方法进行系统性分析与归纳，较为科学、与时俱进；既可以满足人力资源管理专业学生系统学习的需要,也可以让非人力资源管理专业的学生根据需要选读。

其二，针对性的实践内容。除《人员素质测评》外，本系列教材都分上下两篇，上篇为理论篇，下篇为实训篇。实训篇内容摒弃复杂难懂、高深莫测的学术性词汇，注重生动性和接地气；将人力资源管理前沿理论与应用实战经验高度融合，形成具有较高的可操作性的管理工具与方法。本系列教材将理论与实践有机结合，内容新颖，题材丰富，既包含体系化的管理理念与知识，又收集了丰富的“实战工具”。

实践的力量是伟大的，源于实践、尊重实践，最终应用于实践的情怀与理念是值得推崇的。本系列教材的作者们充分发挥实践的力量，为解决管理中的实际问题提供理论方法与参考工具，为人力资源管理专业学生职业技能的提升指引方向、提供动力。

本系列教材由上海杉达学院人力资源管理专业教师编写，得到了上海杉达学院专项资金的资助，充分体现了学校对专业教学工作和教材建设的鼓励和支持。希望本系列教材能够成为人力资源管理专业学生以及人力资源管理从业者的良师益友。

娄Ｘ铭超

（上海杉达学院副校长）

前　言

俗话说："千军易得，一将难求。"有部著名电影的经典台词是："21 世纪什么最贵？人才。"随着企业内外部环境的不断变化以及日益增长的竞争压力，越来越多的企业管理者开始认识到人才对企业发展的重要性。他们开始将人力资源的培训与开发作为提升企业核心竞争力的重要策略。那么，企业如何构建人力资源培训与开发管理体系？如何做好员工培训需求的调查分析、课程开发、师资队伍管理？如何确保培训与开发的成果转化与应用？这些问题正是编写本书的出发点和落脚点。

为了使学习者更好地了解人力资源培训与开发的相关理论知识并将其付诸实践，本书设计了理论和实训两大部分。本书理论部分共 8 章，主要介绍人力资源培训与开发相关的基础知识，内容包括员工培训概述、培训需求分析、培训计划与项目设计、培训的实施与管理、培训成果转化、培训效果评估、员工开发、职业生涯管理等；本书实训部分共 11 个项目，主要针对员工培训与开发设计了一系列实训项目，供学习者操练。

本书的创新与特色在于：

（1）思路清晰、语言精练、重点突出。本书主要围绕员工培训与开发的关键内容展开编写。相较于其他教材，本书言简意赅，内容精练，将主要的知识点呈现给读者，清晰明了，重点突出。

（2）注重理论联系实际。一方面，每章均以案例导入，正文适当穿插案例和小故事，结尾再设置案例分析题以及延伸阅读材料，供读者思考和开拓视野；另一方面，本书设计了实训项目，供学习者学习操练，使其全面深入地理解员工培训与开发的主要过程，更好地做到理论联系实际。

（3）实训部分是本书的另一个亮点。编者主要根据员工培训与开发的过程设计了实训项目的有关内容。

在此，特别要感谢产教合作企业——上海踏瑞科技公司，他们为本书提供了丰富的案例素材和大力支持。正是有了踏瑞公司的助力，本书的实训部分得以更加贴近企业实际，更具操作性和实践性。

每项实训设有实训目的、实训步骤、实训报告、评分要点等内容，无论是学习者还是教学者都能了解相关的实训内容及安排，并根据实训步骤进行操作或点评。实训案例的内容丰富，取材于企业人力资源管理实际和个人学习工作实际，与理论部分紧密结合。学习者能通过这些项目加深对员工培训与开发相关知识的理解，更好地提升实践能力。

总体而言，本书条理清晰，内容丰富，例证贴切，语言流畅，可操作性和实践性强。本书既可作为普通高等院校本专科人力资源管理专业相关课程教学及参考用书，也可供企业人力资源管理从业者学习使用。

在本书的编写过程中，编者参阅了国内多位专家、学者的相关著作和译著，也参考了同行的相关资料和案例，在此向他们表示崇高的敬意和衷心的感谢。同时，再次对上海踏瑞科技公司的慷慨支持和帮助表示深深的谢意。

由于编者水平、时间和精力有限，书中难免会有疏漏和不完善之处，欢迎读者提出批评与建议。

目　录

上篇　理论部分

1　员工培训概述······3

1.1　员工培训概述······3
1.2　员工培训的作用及认识误区······6
1.3　员工培训的历史演变与发展趋势······9

2　培训需求分析······16

2.1　培训需求分析概述······17
2.2　培训需求分析内容······20
2.3　培训需求信息搜集方法与培训需求分析方法······23

3　培训计划与培训项目设计······33

3.1　培训计划概述······34
3.2　培训项目设计······38

4　培训的实施与管理······47

4.1　培训师的选拔与管理······48
4.2　培训方法和技术的选择······52
4.3　培训实施前的准备工作······62
4.4　培训实施过程中的管理······66

5　培训成果转化······73

5.1　培训成果转化概述······74
5.2　影响培训成果转化的因素······76
5.3　促进培训成果转化的方案······79

6　培训效果评估······85

6.1　培训效果评估概述······86
6.2　培训效果评估模型······88
6.3　培训效果评估的流程与方法······95

7 员工开发 ······ **102**

7.1 员工开发概述 ······ 103
7.2 新员工培训与开发 ······ 104
7.3 普通在职员工的培训与开发 ······ 109
7.4 管理人员的培训与开发 ······ 111

8 职业生涯管理 ······ **116**

8.1 职业生涯管理概述 ······ 116
8.2 员工职业生涯规划与管理 ······ 123
8.3 组织职业生涯管理 ······ 126

下篇　实训项目

实训项目 1　培训需求信息搜集 ······ 135

实训项目 2　培训需求分析报告编写 ······ 138

实训项目 3　培训计划编制 ······ 146

实训项目 4　培训项目设计 ······ 149

实训项目 5　培训项目实施 ······ 157

实训项目 6　角色扮演培训法 ······ 161

实训项目 7　团队建设培训法 ······ 162

实训项目 8　培训效果评估方案设计 ······ 165

实训项目 9　培训效果评估 ······ 166

实训项目 10　员工开发 ······ 169

实训项目 11　员工职业生涯规划 ······ 176

参考文献 ······ 183

上篇

理论部分

1

员工培训概述

学习目标

（1）掌握员工培训的基本概念；
（2）熟悉员工培训的作用；
（3）了解员工培训的历史演变；
（4）了解员工培训的发展趋势。

引例

为什么越来越多的企业关注员工培训

企业竞争的本质是人才的竞争。据调查，82%的企业认为员工技能明显不足；几乎 100%的管理者抱怨下属工作推进不力或缺乏职位胜任力；管理人员成为“高级保姆”的现象司空见惯。不断变化的市场环境对员工能力有了更高的要求，不学习就要落伍。在全球经济一体化的时代，竞争日趋激烈，越来越多的企业开始意识到提升企业综合实力的重要性。更新管理理念，重视并挖掘发挥人力资源的潜力，努力开展员工培训成为越来越多企业的重要使命。那么什么是员工培训？它有哪些特点与类型？企业在员工培训中有哪些认识误区？员工培训的历史演变与发展趋势如何？这些都是本章探讨的主要问题。

1.1 员工培训概述

1. 员工培训的概念

员工培训是指企业为了使员工更好地胜任工作，提高工作绩效，促进企业发展而采用各种方式对员工进行有目的、有计划地培养和训练的过程。员工培训可以从以下几方面理解：

（1）培训的对象是企业的全体员工。员工培训不仅针对技能缺乏的新员工，也针对工作多年的老员工；不仅对基层员工进行培训，也对中高层管理人员进行培训。

（2）培训的内容与工作有关，应当全面。员工培训的内容既包括针对工作岗位的知识培训，也包括岗位技能培训和员工工作态度的培训。

（3）培训的主要目的是改善员工的工作业绩，提升企业的整体绩效。

（4）培训由企业组织实施。

2. 员工培训的特点

1）目的性

企业开展员工培训的目的是提高员工的知识水平和技术水平，从而提高企业的生产效率，为企业赚取更多的利润。

2）针对性

企业在进行员工培训时要有针对性。企业内不同岗位的员工工作内容和要求不一样，同一岗位的员工在性别、年龄、学历、能力等方面具有差异性。企业对员工进行培训时，应该针对员工所在工作岗位的要求以及员工的需求进行培训。

3）多样性

企业培训的内容、形式和方法是多种多样的，培训内容涉及理论知识、操作技术、工作态度等，应根据员工的培训需求来选择。培训形式和培训方法可以根据培训内容、培训对象的特点来决定，既可以选择传统的讲座培训、案例分析培训，也可以选择新兴的线上培训。

4）灵活性

企业员工培训不同于学校教学。一般情况下，员工培训是在员工做好本职工作的基础上进行。培训活动通常会安排在业余时间开展，也会根据员工时间的变动以及业务淡旺季的变化而灵活安排。另外，随着企业外部环境的变化，新员工的培训需求不断变化，培训安排也应灵活多变。

5）实用性

企业培训要确保员工能够将培训所学运用到工作中，提高培训成果转化率。培训成果转化的成功与否，很大程度上决定了培训是否有效。

6）时效性

科技日新月异，时代的变化要求企业需要不断地自我更新。企业培训也要与时俱进，满足企业发展的需要。要不断更新培训体系，将最新知识理念和技术传递给企业员工，赋予员工新能量，为员工指明发展方向。

3. 员工培训的分类

员工培训可以根据对象、内容和形式的不同而划分为不同的类型。

1）按培训对象划分

按培训对象划分，可以分为基层员工培训和管理人员培训。基层员工培训的主要内容是：岗位职责、人际关系操作技能、工作安全、事故预防、工作心态、团队建设等；而管理人员培训则分为：基层管理人员培训、中层管理人员培训和高层管理人员培训。美国著名的管理学学者 R. L • 卡茨（R. L. Katz）认为不同层级管理人员在培训内容方面的比例是不一样的（见图 1-1）。

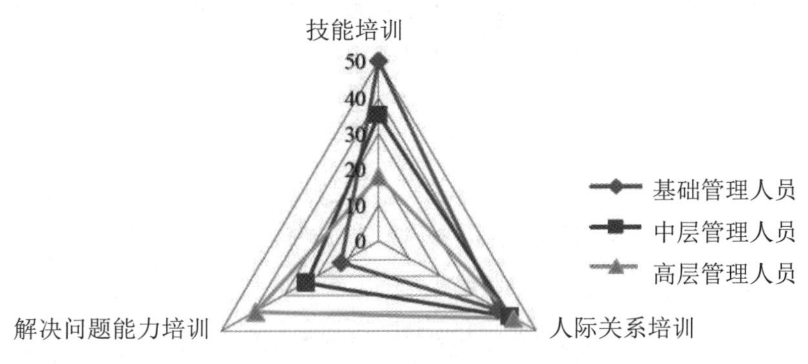

图 1-1 不同层级管理人员培训内容的比例

2）按培训内容划分

按培训内容可以分为知识更新培训、技能拓展培训以及态度和观念塑造培训。知识更新培训是为了适应快速变化的外部环境，更新员工已有知识，使企业在不断改变的社会中得以生存；技能拓展培训是指通过培训部门或机构提高员工工作技能水平或开发新技能来增强员工工作竞争力；态度和观念塑造培训是指通过培训塑造符合企业价值观的职业态度与思想理念。

3）按培训形式划分

按培训形式划分，可以分为岗前培训、在岗培训、脱岗培训和轮岗培训。岗前培训是对新员工入职之前进行培训，让他们了解企业的基本情况、工作环境、工作内容，帮助他们迅速适应岗位要求；在岗培训是指员工在不脱离工作岗位的情况下，利用业余时间接受培训，获得工作所需的知识、技能和态度；脱岗培训是指员工暂时脱离岗位接受培训；轮岗培训是指在预定时期内员工被安排到企业的不同部门，使其获得不同岗位的工作经验。

1.2 员工培训的作用及认识误区

1. 培训的作用

1）有利于提高员工的能力和素质

企业组织员工培训最直接的目的就是提高员工的知识水平、技能水平，改进员工的工作态度，使其更好地完成本职工作。同时，员工经过企业的培训，不断提高自身素质，能更好地适应企业长期发展的需要。有资料显示，百事可乐公司对深圳 270 名员工中的 100 名进行调查，调查得知，这些人全部参加过培训。其中 80%的员工对自己从事的工作表示满意，87%的员工愿意继续留在公司工作。培训不仅提高了员工的技能，而且提高了员工对自身价值的认识，对工作目标有了更好的理解。

2）有利于提高企业劳动生产率

对于企业而言，员工培训能使员工更好地了解自己在工作中的角色和承担的责任与义务，工作知识与技能得到提升。培训有利于员工快速成长，也有利于提高企业劳动生产率，为企业创造更多的利润。

3）有利于增强员工对企业的归属感和责任感

就企业而言，员工培训可以让员工了解企业的基本情况和企业文化，促进企业与员工、管理层与员工之间的双向沟通，增进互动与了解，有利于加深员工对企业的感情，增强员工对企业的归属感和责任感。

4）有利于塑造优秀的企业文化

企业文化是一个企业的灵魂，是企业的精神和价值观，是推动企业发展的不竭动力。企业培训可以让员工在了解和认同企业文化的同时，自觉学习掌握工作知识和技能，培养敬业精神、创新意识和社会责任感，从而形成优秀的企业文化氛围，促进企业的发展。

5）有利于增强企业竞争力

当今企业之间的竞争归根结底是人才的竞争。美国的一项研究资料表明，企业技术创新的最佳投资比例是 5:5，即“人本投资”和硬件投资各占 50%。员工培训是投资人才的重要手段，是增强企业竞争优势的关键举措，企业有了一流的人才，才可以开发一流的产品，创造一流的业绩，在市场竞争中立于不败之地。

小专栏 1-1

字节跳动的员工培训体系

在当今快速变化的商业环境中，员工培训已成为企业持续发展和保持竞争力的关键因素。字节跳动作为一家领先的科技公司，其员工培训体系一直备受业界关注。字节跳动的员工培训模式具有很强的先进性，值得其他企业参考。首先，字节跳动的培训内容的具有创新性。字节跳动的员工培训内容紧跟时代潮流，注重创新和实用性。例如，公司会定期引入最新的技术趋势和行业动态，确保员工的知识体系始终保持在行业前沿。此外，字节跳动还鼓励员工参与内部创新项目，通过实践来提升技能和解决问题的能力。其次，字节跳动的培训方式具有多样性。字节跳动采用多种培训方式，包括在线课程、工作坊、研讨会等，以满足不同员工的学习需求。在线课程让员工能够灵活安排学习时间，而面对面的研讨会则提供了更多的互动和交流机会。这种多样化的培训方式有助于提高员工的学习积极性和培训效果。第三，字节跳动的培训资源非常丰富。字节跳动拥有丰富的培训资源，包括内部专家、行业领袖以及合作伙伴。这些资源为员工提供了宝贵的学习机会，帮助他们深入了解行业知识，提升专业技能。同时，公司还与多家教育机构合作，为员工提供更广泛的学习平台。第四，字节跳动非常重视培训效果的评估和反馈。公司会定期对培训项目进行评估，收集员工的反馈意见，并根据这些信息不断优化培训内容和方式。这种持续改进的过程有助于确保培训项目始终符合员工和企业的需求。第五，字节跳动的培训与企业文化相融合。字节跳动将员工培训与企业文化紧密结合，通过培训来强化公司的核心价值观和使命。这种融合不仅有助于提升员工的归属感和忠诚度，还能够促进团队合作和创新精神的形成。总结而言，字节跳动的员工培训体系在内容创新、方式多样、资源丰富、效果评估和文化融合等方面表现出色，为员工提供了全面而高效的学习和发展机会。这种培训模式值得其他企业学习和借鉴。

（资料来源：https://www.yxt.com/article/fe5f1e6b）

2. 对员工培训的认识误区

1）培训是一种成本

目前，许多企业管理者在广告投入上“一掷万金”，但却忽视了对员工培训的投资，原因在于管理者错误地认为培训是一种成本，应该尽量降低在此方面的资金投入。如果企业经济效益好，企业人员素质尚可，那么无需增加培训成本；如果企业经济效益差，对员工进行培训更会加重企业经济负担。管理者的这种培训理念很危险，企业不重视培训，员工的知识、技能就很难得到提高，企业的产品和服务质量也难以改善，长此以往就会影响企业的进步与发展。

小专栏 1-2

为什么有些企业或组织不愿意培训员工

为什么有些企业或组织不愿意培训员工？最大障碍是费用问题。目前，美国的一些企业用于正式培训与非正式培训的投资达到 2 100 亿美元。由于员工流失率高，企业无法证明这项用于员工发展的巨大开支是否值得。企业花费上千万美元培训新员工，结果他们都跳槽到了其他企业。

2）培训会导致员工跳槽

许多企业的管理者认为员工经过培训后，工作能力提升，如果员工不安于本职工作选择跳槽，那就是为他人做嫁衣，给企业造成损失。但实际上，员工流失的真正原因有很多种，如认为企业各项规章制度、薪酬福利、上下级沟通等方面存在问题或是在工作中受到不公平的对待等。相反，企业进行员工培训可以起到传播企业文化、增强员工归属感和向心力、稳定员工队伍的作用。

小专栏 1-3

摩托罗拉的培训

摩托罗拉公司给全体雇员提供每年至少 40 小时的培训，这是很多企业做不到的。虽然有些员工会因为受到培训，掌握了一门新技能而跳槽，但是摩托罗拉一如既往，因为他们认为进行员工培训可能会流失一些人才，但这种文化会吸引更多人才。很多人只看到了有人跳槽，而没有看到有更多的人“投靠”，这正是摩托罗拉精明的地方。摩托罗拉公司培训部主任比尔•维根豪恩说过：“我们有可靠的数据说明，培训的投入与产出的比值为 1:30，这就是我们注重人员培训的原因；凡是在工作中出现的问题，最终肯定能从培训中找到原因；但凡从培训中省下来的钱，最终都会从废品中流出去。培训很贵，但是不培训会更贵。”

3）员工培训流于形式

一些企业盲目追赶潮流，使培训工作流于形式。有的企业培训目的不明确，对培训内容的选择没有开展需求调研，内容缺乏针对性；有的企业不惜斥巨资支持员工获取各种学历、证书。从表面上看，这些企业培训工作开展得轰轰烈烈，但实际上效果并不一定理想。

4）培训可以“包治企业百病”

企业在发展过程中会遭遇各种问题，而解决问题需要各式各样的人才。于是，不少企业把培训当作培养人才的良方，期望能够立竿见影，即通过短期的培训就能提高员工的素质，为企业创造效益，解决企业各种问题。

5）“迷信”名师

很多管理者在员工培训师资选择方面“迷信”名师，认为培训要请权威人士培训才有效，否则不能达到培训效果。他们把过多的关注点放在名师上，忽视了对员工培训需求的调查研究，导致企业花费了高额的培训费用却没有获得相应的效果。

1.3 员工培训的历史演变与发展趋势

1. 员工培训的历史演变

1）西方企业员工培训的历史演变

企业的员工培训最早可以追溯到中世纪的学徒制培训。中世纪家庭手工业发达，制度化的学徒制开始产生。当时的行会对学徒制进行了较为全面的控制与管理，不仅制定了一般性的管理规范,而且规定了教学指导的内容并对其进行监督与考核。随着时代的发展，学徒制培训逐渐正规化。1562 年，英国颁布法规，对学徒制的控制权逐渐由行会转移到国家手中，国家开始通过立法对学徒制的实施进行各种干预。这一时期学徒制的制度性被加强，师徒间的父子关系也彻底转化成了雇佣关系。

17—18 世纪工业革命的出现使得学徒制无法适应规模化的集体生产，德国出现了学校形态的职业教育萌芽。1889 年，德国双元制职业教育初步形成，1920 年，魏玛共和国规定这类学校统称为职业学校。在 18 世纪 20 年代美国部分州成立了职业技术讲习所，1809 年美国人 D • 克林顿（D. linton）在纽约建立了第一所私人职业技术学校。

工业革命后，大机器生产代替了手工操作，出现了工厂学校。英国在 1833 年颁布《工厂法》，规定设立工厂学校，采用半工半读的教学方式，大批量培训工人。在美国，第一个有文件记载的工厂学校是美国的厚和公司。两次世界大战期间，许多非军工企业不得不重新装配机器。为了生产大量军需设备，开始大批培训工人，工厂培训也变得越来越职业化。一些大型的组织和工会制订了新型的培训计划，科学的培训方法逐渐产生，如教育家 C • 艾伦（C. Allen）提出了针对造船工人的“演示—讲解—执行—检查”的培训方法，是第二次世界大战期间的系统培训方法。当时战时人力资源委员会的产业服务培训机构开发了工作导师项目，其目的是教授一线和二线的主管如何将他们的技能传授给别人，后来这些项目扩展至包括人际关系、工作方法、安全性等。1939—1945 年期间，为了配合系统的培训，系统化的教学设计方法出现了。

20 世纪 50 年代，迪士尼公司第一次采用了企业大学的形式，企业大学在全球迅速崛起。从上世纪 80 年代开始，企业大学进入快速发展期，从 20 世纪 80 年代中期的 400 多所到 2010 年达到 3 700 所，财富世界 500 强中近 80%的企业，拥有或正在创建企业大学。

2）国内企业员工培训的历史演变

中国最早的培训形式可以追溯到奴隶社会的学徒制。自从人类社会有了生产活动，其生产经验和生产技能就需要传承，父教子是学徒制的最初形态。随着手工业生产规模的扩大和工场手工业的出现，自给自足的家庭手工业发展到以雇佣关系为特征的手工工场。职业技能传授逐渐延伸到家族范围以外，发展成为以契约式为基础的师徒分工合作的模式。隋朝时期的公营手工业作坊均采用学徒制的教育形式。明代中叶，随着资本主义萌芽的出现，学徒制得到进一步发展，无论是工种还是规模都明显扩大。到近代，随着生产技术的进步和生产规模的扩大，传统的学徒模式已不能适应新的变化和要求。

鸦片战争之后，中国演变为半殖民地半封建社会，企业大多是家族性质的小型企业，许多企业实行包工制度，把工作承包给包工头，然后包工头招收工人，组织生产，进行监督，发放工资。一些规模较大的企业开始学习西方科学管理方法，开始对人员进行比较规范地管理。

中华人民共和国成立初期，百废待兴，当时的很多企业以公私合营为主。20 世纪 50 年代，国家派遣大量知识分子到苏联进行学习和培训。苏联的高校、科研机构和企业为中国工业培训了许多技术干部和熟练的技术工人。

改革开放后，我国对传统的人事管理也进行了不断改革。在职工培训方面，实行先培训后上岗，大力发展职业教育，并重视对职工的在职培训，培训工作形式多样。改革开放后的企业员工培训和继续教育分为五个主要发展阶段。第一阶段，党的十一届三中全会以后，国家各部委和各省、市建立了继续教育中心、科技进修学院和继续教育协会等从事继续教育的专门机构，这些机构以短期培训为主要形式，课程以共同性学科和新学科为主，承担培训本地区、本系统中级以上科技人员、初级科技骨干及国有企业高层的任务。第二阶段，我国高等院校、科研单位开办继续教育。1985 年后，清华大学、西北工业大学、北京航空航天大学等相继成立了继续教育学院。第三阶段，许多大型企业开始重视员工继续教育，这些企业利用本单位的职工大学、职工中专和其他的办学条件开设继续教育课程。第四阶段，培训逐渐职业化。社会上出现很多培训团体，培训业已遵循市场化运作机制，诸多培训主体在市场上提供富有专业特色和针对性的培训项目。第五阶段，企业大学开始出现。2000 年以后，企业进入自主教育时期，一大批知名企业开始建立自己的培训体系，企业商学院和企业大学开始出现。中国首家企业大学由摩托罗拉公司引入，自成立以来，引起了中国企业的高度关注与追逐。目前国内很多企业如春兰、中兴、联想、奥康、吉利、国美、阿里巴巴等纷纷成立了自己的企业大学。

2. 员工培训的发展趋势

1）培训技术日新月异

随着科学技术的发展，越来越多新技术被运用到培训领域。多媒体技术、远程学习、电子支持系统、虚拟技术、人工智能技术等为企业培训提供了更加优越的条件，企业培训的手段也越来越灵活丰富。互联网使培训方式发生了革命性变化，它打破了时间和空间的限制，能够满足不同的学习需求。新技术的发展使得培训成本降低、学习过程生动形象化，企业培训也呈现高科技和高投入的趋势。

2）培训方式多样化

企业员工培训的方式越来越多样化。传统的培训方式主要是课堂教学、师傅带徒弟，现代企业逐渐采用了更加灵活多样的方式，并引入了许多现代化的方法与手段，如视听教学、模拟演习、研修讨论、职务轮换、自我测评、基层锻炼、挂职锻炼、游戏培训、电脑化培训、互联网培训、情景模拟、行为模拟等，这样的培训更加吸引人，效果也更好。

3）培训与开发的效益越发受到重视

过去一些企业盲目开展培训，培训目的不明确 ，培训内容缺乏针对性，使培训流于形式。随着培训职业化和专业化发展，企业将更加重视培训所带来的效益。员工培训要针对企业和员工的需求，按照科学规范的操作程序，利用最佳的方法对员工展开培训，改善员工知识技能以及提高员工素养，保证培训效果。

4）规范化和标准化

企业培训需求的多元化、培训技术的多样化催生品质化的培训服务，但目前市场上的一些培训服务还不够规范和标准。随着国际质量标准体系在培训业中的推广运用，标准化的培训产品和服务将成为趋势，整个培训行业的服务水平将得到提升。

5）以学习型组织为导向的持续学习

学习型组织理论认为，在新的经济背景下，企业要持续发展，必须增强企业的整体能力，提高整体素质。也就是说，企业的发展不能再仅靠伟大的领导者一夫当关、运筹帷幄、指挥全局。未来真正出色的企业将是能够设法使各阶层人员全心投入并有能力不断学习的组织——学习型企业。知识经济迅速崛起，对企业提出了严峻挑战，越来越多的企业倡导建立学习型的组织文化，培养整个组织的学习气氛，崇尚知识和技能，充分发挥员工的创造性思维能力，确保企业可持续性发展。

6）自主化和社会化相结合

自主化的企业培训依然是当今企业培训的主流。越来越多的大型企业成立了自己专门的培训大学，如麦当劳大学、海尔大学、华为大学等，他们自行设计课程，安排培训时间。部分中小型企业也成立了培训部门，针对企业业务内容开展员工培训。但企业培训的需求往往多而广，光靠自身难以满足培训的需要。尤其是中小企业，基于自身的实力和资源有限性，培训需求往往要求助于社会性培训机构。企业培训也由原来的自主化逐渐走向社会化、合作化，越来越多的企业与大学开展联合培训。例如近年来在美国，在职培训与正式课堂培训相结合的案例不断增加。许多机构，包括凡尼梅公司、汉堡王公司、冠军国际公司、太平洋电话公司、克雷研究公司和越能人寿保险公司，均与大学建立了密切的联系，并向教育项目投入了大笔资金。

7）国际化和全球化

全球经济一体化趋势越来越明显，各大企业正积极开拓海外市场，努力提高自身的产品质量和服务水平。培训行业也要适应国际化浪潮，利用新兴的培训技术和方法，在全球范围内配置培训资源，建立符合国际标准的高质量培训体系，提高培训产品和服务的客户满意度。跨国企业在培训时，要努力开阔员工的视野、开发员工独立工作能力，着重培养经济型、未来型和国际型人才以适应未来更加激烈的国际竞争。

本章小结

本章主要介绍了员工培训的基本理论，包括员工培训的基本概念和特点，员工培训的分类、作用，员工培训的认识误区以及员工培训的历史演变与发展趋势。

复习与思考

（1）企业员工培训的作用是什么？

（2）当前企业管理者对员工培训的认识存在哪些误区？

（3）员工培训是如何产生和发展的？

（4）企业员工培训的发展趋势如何？

课后案例

东京迪士尼是如何吸引回头客的

世界上有 6 个迪士尼乐园，在美国佛州和加州的两个迪士尼已经开业几十年，并创造了很好的业绩。不过全世界开的最成功的、生意最好的，却是日本东京迪士尼。东京迪士尼，最高记录一年可以达到 1 700 万人参观。那东京迪士尼为何能做出这么好的成绩？它是如何吸引顾客的呢？

1. 重视员工培养，引客回头

开酒店或经营乐园，并不是希望客人只来一次。如果今天一对夫妇带孩子逛乐园，这孩子长大了以后会再来吗？他会带他的男朋友或女朋友再来吗？将来他又生了孩子，他的小孩子又会再来吗？如果回答是肯定的，这才叫做引客回头。住酒店也是同样的道理，很少有酒店去注意到一名客人会不会来第二次和第三次，所以只强调让客人来住店，却没有想到引客回头。因此，东京迪士尼要让老客户回头，就得在这个问题上动脑筋。到东京迪士尼去游玩，人们不大可能碰到迪士尼的经理，也许只会碰到一次门口卖票和检票的员工，碰到最多的还是扫地的清洁工。所以东京迪士尼对清洁员工非常重视，将更多的训练和教育大多集中在他们的身上。

在东京迪士尼有些清洁工是暑假兼职的学生，虽然他们只工作两个月，但是给他们培训要花 3 天时间。第一天上午要培训如何扫地。扫地会用到 3 种扫把：一种是用来扒树叶的；一种是用来刮纸屑的；一种是用来掸灰尘的，这三种扫把的形状都不一样。怎样扫树叶，才不会让树叶飞起来？怎样刮纸屑，才能把纸屑刮得很好？怎样掸灰，才不会让灰尘飘起来？这些看似简单的动作却都需要严格的培训。此外还有规定：开门时、关门时、中午吃饭时、距离客人 15 米以内等情况下都不能扫地。这些规范都要认真培训。第一天下午学照相。十几台各种品牌的世界最先进的数码相机摆在一起，因为客人会请员工帮忙照相，如果员工不会照相，不知道这是什么东西，就不能照顾好顾客，所以学照相需要一个下午。第二天上午学怎么给小孩子包尿布。带孩子的顾客可能会请员工帮忙抱一下小孩，但如果员工不会抱小孩，动作不规范，不但不能给顾客帮忙，反而增添顾客的麻烦。抱小孩的正确动作是：右手要扶住臀部，左手要托住背，左手食指要顶住颈椎，以防闪了小孩的腰，或弄伤颈椎。员工不但要会抱小孩，还要会替小孩换尿布，因此给小孩换尿布的姿势也需要培训。第二天下午学习辨识方向。有人问哪里是洗手间，“右前方，约 50 米，第三号景点东，那个红色的房子”；有人问哪里卖可乐，“左前方，约 150 米，第七号景点东，那个灰色的房子”；有人不知道哪里可以买到邮票，“前面约 20 米，第十一号景点，那个蓝条相间的房子”……顾客会问各种各样的问题，所以每一名员工要把整个迪士尼的地图都熟记在脑子里，对迪士尼的每一处地方都要非常地熟悉。训练3天后，发给员工3把扫把，开始扫地。如果在迪士尼里面，面对的是这些员工，顾客会觉得很舒服，下次会再来迪士尼，也就是所谓的引客回头。

2. 会计人员也要直接面对顾客

有一类员工是不太接触客户的，那就是会计人员。迪士尼规定：会计人员在上岗后前两三个月中，每天早上上班时，要站在大门口，对所有的顾客鞠躬、道谢。因为顾客是员工的“衣食父母”。迪士尼这样做，就是为了让会计人员充分了解客户，对客户心怀感激。

3. 其他重视顾客、重视员工的规定

（1）怎样与小孩讲话。迪士尼里有很多小孩，这些小孩经常要跟大人讲话。迪士尼的员工跟小孩说话时，都要蹲下，跟小孩的眼睛要保持一个高度，这样小孩子就不需要抬着头去跟员工讲话。这些小孩就是未来的顾客，所以要特别重视。

（2）怎样对待与家人走散的小孩。从开业到现在的十几年里，东京迪士尼有两万名小孩与家人走散了，但在小孩子走丢后从不广播。如果这样广播：“全体妈妈请注意，全体妈妈请注意。这边有一个小孩子，穿着黑裙子白衬衫，不知道是谁家的小孩子，哭得半死……”所有妈妈都会吓一跳，一家乐园一天到晚丢小孩子，谁还敢来。所以迪士尼设立了10个托儿中心，只要看到走丢的小孩，就用最快的速度把他送到托儿中心。从小孩衣服、背包来判断大概是哪里人，看看衣服上有没有绣他们家族的姓氏；再问小孩，有没有哥哥姐姐、弟弟妹妹，以此来判断父母的年龄；有的小孩年龄太小，连妈妈的样子都描述不出来，那就要想办法，尽快找到父母，然后立刻把父母接到托儿中心。父母看到的是小孩正在喝可乐，吃薯条，啃汉堡，过得挺快乐。迪士尼就这样在十几年里找到了两万名小孩。

（3）怎样送货。迪士尼乐园里面有喝不完的可乐、吃不完的汉堡、享受不完的三明治、买不完的糖果，但从来看不到送货的人员或车辆。因为迪士尼规定在客人游玩的区域里不准出现送货的人员或车辆。迪士尼的地下隧道像一个网一样，一切食物、饮料统统在围墙的外面下地道，在地道中搬运，然后再用电梯送上来，所以顾客有永远吃不完的东西。

顾客在迪士尼如此受到重视，他们会不断去迪士尼。去迪士尼玩10次，大概一次也看不到经理，但是只要去一次迪士尼，就看得到他的员工在做什么。这就是前面讲的，顾客站在最上面，员工去面对客户，经理人站在员工的底下来支持员工。

（资料出处：http://www.doc88.com/p-6746301532562.html）

思考题

（1）你认为东京迪士尼能吸引众多游客的原因是什么？

（2）东京迪士尼为什么要对员工进行培训和教育？

延伸阅读

企业大学的发展

企业大学又称公司大学，是指由企业出资，由企业高级管理人员、一流的商学院教授及专业培训师担任教师，通过实战模拟、案例研讨、互动教学等手段，以培养企业内部中、高级管理人才和合作者为目的，满足人们终身学习需要的一种新型教育、培训体系。

1956 年，全球第一所企业大学——通用电气公司克劳顿学院正式成立，企业大学在全球迅速崛起。在美国的上市公司中，拥有企业大学的上市公司平均市盈利比没有企业大学的市盈利明显要高。

1993 年，摩托罗拉中国区大学成立，这是中国境内企业大学的开端。从那开始，越来越多的企业特别是大型名企，认识到企业大学的重要性，开始着手构建自己的企业大学，企业大学建设呈现出空前高涨的趋势。截至 2011 年底，中国已建成的企业大学超过 400 所（其中外企在华创建的企业大学超 80 所，中国本土企业大学超 320 所），如果加上民间低调成立的企业大学或将超过 1 000 所。

未来企业大学数量将继续增长，同时企业大学的价值将更加凸显。当今中国企业面临着众多的挑战和压力，其中一方面就是企业如何在全球化背景下进行转型，走上一条新的道路。客户需求结构调整和企业内部成本结构调整，作为企业转型的驱动，决定了企业发展的新路径以及人才发展的新方向。企业大学是变革转型的加速器和推进器，在企业转型和创新时期，起着关键的作用。

尽管我国企业大学发展迅速，但质量参差不齐。部分企业大学只重硬件建设而忽视软件建设，在课程体系、信息化体系、讲师质量等方面的投入却不多，这种情况严重制约了企业大学的实质性发展，企业大学不能对企业战略转型起到应有的作用。企业大学如何建，建成之后如何运营，企业大学未来发展的方向是什么，这是摆在企业管理者面前的三座大山。

（资料来源：https://baike.baidu.com/item/%E4%BC%81%E4%B8%9A%E5%A4%A7%E5%AD%A6/3014491?fr=aladdin）

2

培训需求分析

学习目标

（1）掌握培训需求分析的基本含义；
（2）学会培训需求信息搜集的方法；
（3）掌握培训需求分析的方法；
（4）学会撰写培训需求分析报告。

引例

A 汽车制造公司的培训问题

A 汽车股份有限公司成立于 2000 年左右，位于南方某城市，公司主营业务为汽车底盘、齿轮箱、汽车零部件开发、制造、销售；汽车（包含小轿车）开发、制造、销售；汽车修理；新技术开发、新产品研制；本企业自产产品和技术进出口及生产所需的原辅材料、仪器仪表、机械设备、零配件及技术的进出口业务等。近年来，随着新能源汽车行业的兴起，该公司开始逐步涉足新能源汽车行业。随着业务领域的逐渐扩大，该汽车制造公司逐渐认识到人才的重要性，开始加大培训投入，原有的培训管理体系中所存在的各种问题也开始显露，具体表现为：公司在开展培训前未与员工进行充分沟通，仅依靠个人感受进行培训内容的设计，导致培训内容有效性不足，对员工的帮助不大；另外，该企业培训秉承着“缺什么补什么”的原则，从未考虑与公司战略目标的联系度；并且，缺少培训效果的评估机制，一直不了解培训有没有效果，哪种培训更有效，导致公司培训效果“停滞不前”。

（资料来源：https://www.toutiao.com/article/17371222503457272592982279569977/?upstream_biz=doubao&source=m_redirect&wid=）

从引例中可以看到，企业在培训时首先需要对员工的培训需求进行分析，以便利用有限的培训资源实现培训效果的最佳化。本章从培训需求出发，介绍培训需求分析的内涵、作用、流程、方法及其结果的运用，帮助企业做好培训需求分析工作，提高培训成效。

2.1 培训需求分析概述

培训需求分析是制订、实施培训计划过程中必不可少的重要环节。目前国内很多企业的培训工作之所以开展得不理想或者培训效果不明显，很大程度上是由于没有做好培训需求分析工作。本节将从培训需求分析的概念、作用以及流程等方面来讨论如何做好培训需求分析工作。

1. 培训需求分析的含义

进行培训需求分析前，首先应该搞清楚什么是培训需求？培训需求产生的原因是什么？这样才能有的放矢，事半功倍。

培训需求源于企业希望员工具备的技能、水平或素质与员工现有的技能、素质、水平存在差距。企业对员工的能力水平提出的要求是理想状态，而员工的实际水平即是目前状态，两者之间的差距就是状态缺口，企业要缩小这种缺口，就形成了培训需求。

总体来说，培训需求产生的原因大致可以分为三类：第一类是工作变化。随着外部环境的变化，企业也在进行相应的调整变化。企业的经营战略、经营方向会发生变化，组织结构、管理风格也会发生转变，这些都对管理者和员工带来新的挑战。第二类是企业员工的流动。企业要健康发展，就需要从外界不断地引进优秀人才，同时淘汰不合格的员工，企业内部的员工也会进行横向、纵向地流动，这些流动都会使员工面临知识和技能方面的挑战，产生新的培训需求。第三类是员工工作绩效低。员工工作绩效低会促使企业重视员工的培训，通过培训改善员工工作态度、提高员工的知识和技能水平。以上各种因素会导致企业各部门产生培训需求，而培训需求分析既是做好培训工作的前提，也是培训工作的起点。培训需求分析指的是在规划与设计培训活动之前，由培训部门、主管人员、工作人员等采用各种方法与技术，对各种组织及其成员的目标、知识、技能等进行系统的鉴别与分析，以确定是否需要培训及培训内容的一种活动。

2. 培训需求分析的作用

1）为制定培训计划提供依据

培训需求分析是培训的首要和必经环节，它为合理制订培训计划奠定基础。通过培训需求分析，培训主管部门可以发现组织存在的问题。培训计划要量体裁衣，使培训内容更符合组织需求，提升培训效果。

2）确认差距

培训需求分析的基本目标是确认差距，具体来说主要包括两个方面的差距：一是绩效差距，即组织及其成员绩效的实际水平与应有水平之间的差距；二是完成一定绩效所需要的知识、技能和能力与企业现实状况的差距。确认差距一般包括三个环节：一是必须对所需要的知识、技能和能力进行分析，以确定理想的知识、技能和能力模型；二是对员工现有的知识、能力、素质进行分析；三是必须对理想的知识、技能和能力模型与现有的知识、技能、素质之间的差距进行分析。

3）提供可选择的解决企业问题的方法

培训需求分析的价值不仅仅在于解决组织及其成员存在的问题，事实上，通过培训需求分析还可以获得很多对组织来说有价值的信息，因为产生这些组织问题的原因可能是体制问题、管理问题以及组织文化问题。培训需求分析同样有利于组织诊断问题，为解决内部问题提供一些方案。

4）确定培训的成本与价值

培训需求分析的作用还在于测算培训的成本与价值。分析人员需要考虑企业给相关员工提供培训，需要的成本是多少？如果不进行培训的损失高于进行培训的成本，那么培训就是需要的；如果不进行培训的损失低于培训成本，则说明培训还不是那么必要。

5）促进人力资源分类系统向人力资源开发系统转换

人力资源分类系统是一个单位的信息资料库，在制定关于新员工录用、职位升降、工资待遇等方面的政策时非常重要，但在工作人员培训与开发等方面的用途有限。然而，当人力资源分类系统与培训需求密切结合在一起时，这种系统就会变得更加具有综合性和人力资源开发的导向性。

6）为获得组织对培训的支持创造有利条件

企业培训也需要成本。培训需求分析的结果可以为高层管理者提供决策支持，规划培训所需要的时间和资金；也可为各部门与成员选择适当培训方法，提供了大量有用的信息，有利于促进企业各方达成共识，有助于培训的顺利开展。

小专栏 2-1

B公司的培训经理是2021年从行政部门转到人力资源部的。当时公司之所以这样安排，主要是因为她在行政岗位上已经工作多年，希望获得不同岗位的工作经验。而培训岗位看上去专业性不强，且门槛较低，是刚不错的选择。这位经理转岗到人力资源部负责培训后，第一项重要工作就是制订 2022 年的培训计划。她采取的做法是，从培训公司及网上下载很多课程名称，让各部门及员工进行勾选，然后按照选择人数从多到少进行排序，作为企业的年度培训计划。在这份计划中，英语口语培训被列在了第一位，因为选择这一项的员工最多。可她所在的公司并没有海外上市或将业务拓展至海外，亦或与外资合作的计划。

3. 培训需求分析的参与者

培训需求分析需要多方面的主体共同参与，表 2-1 列出了培训需求分析所涉及的主要主体。

表 2–1 培训需求分析主体

分析主体	作用与内容
培训主管部门	培训主管部门是培训需求分析工作的主持者，他们掌握了大量有关员工技能、水平的资料，同时，他们对于每个工作岗位的需求和变化也是最清楚的
员工本人	培训的对象是每位在职员工，了解他们想学什么、需要在哪些方面“充电”，将有助于得到他们对培训的支持
上级	上级对员工的优缺点比较了解，他们能帮助人力资源部门明确培训目标和培训内容。通常，一些紧急培训项目都是由上级提出并亲自督促执行的
同事	同事通常比较了解彼此，能向培训主管提出中肯的培训意见和建议，但这只有在人际关系和谐的企业中才能做到
下属	与下属访谈，可听到他们对上级的一些抱怨，从中发现上级管理者存在的缺点
有关项目专家	组织内的资深专家、顾问或第三方专业培训机构具有丰富的经验，对问题的看法往往颇有见地。因此，向专家请教无疑会得到一些启示和帮助
客户及其他相关人员	外部人员对企业存在问题的分析一般较为客观，有助于分析培训需求以及设计培训项目

4. 培训需求分析的流程

1）准备工作

在进行培训需求分析之前，管理者要做好准备工作，收集员工基本资料，包括员工人事情况、绩效考核资料等。建立员工培训资料库，一方面有助于管理者了解员工的背景资料，及时掌握员工目前的状况；另一方面可以根据员工绩效，确定培训方向和内容。注意建立收集培训需求信息的通道，全面、及时和有效地搜集数据信息。

2）制订培训需求分析计划

制订工作计划对于培训需求分析也是非常重要的。工作计划要明确工作目标、各项具体工作任务，明确各项具体工作的时间进度、可能会遇到哪些问题以及应对方案，明确培训需求分析的方法等。

3）实施培训需求分析计划

培训管理者先向各个部门发出征求培训需求通知，各部门和员工提出培训需求，培训管理者将收集来的各类需求信息进行汇总整理，并向相关主管部门进行汇报。通过对汇总来的各类培训需求加以分析和鉴别，并参考有关部门的意见，培训管理者可根据重要程度和迫切程度对培训需求进行排列。

4）分析总结培训需求数据

分析培训需求数据，一是要对培训需求信息进行归类与整理，可以通过制作一些表格和图示对信息加以处理；二是对培训需求信息进行分析与总结，并根据培训需求的重要程度和紧迫程度对各类培训需求进行排序。在处理信息时要注意审查信息的准确性，全面考虑各种因素的影响，保护个人信息和数据秘密。

5）培训需求分析报告的撰写及结果应用

培训需求分析报告是培训需求分析工作的结果，是确定培训目标、制订培训计划的重要依据，将所有信息收集完整以后，要对信息进行整理和分析，并撰写《培训需求调查报告》。培训需求结果主要用于培训计划的编写、培训内容的安排、培训方法的选择、培训课程的设计以及员工职业生涯发展等。

2.2 培训需求分析内容

1. 组织层面的培训需求分析

组织层面的培训需求分析指的是依据组织目标、组织资源、组织结构、组织文化以及组织未来发展等因素，分析组织存在的问题及其产生的原因，确定组织中哪些部门、人员、业务需要加强培训的行为。其主要包括以下几方面的内容：

1）组织目标

组织目标指导着企业或组织的一切活动，明确的组织目标既对组织发展起决定作用，也对培训计划的制订和执行起决定作用。培训目标要为组织目标的实现服务，例如一个组织的目标是拓展新的业务范围，培训活动就必须围绕这一目标进行。

2）组织资源

培训目标的实现需要组织提供人力、物力和财力的支持。组织资源分析包括对组织的培训经费、培训时间、培训地点、培训师资等进行分析。组织提供的培训经费将影响培训的深度和广度；培训需要时间，但培训时间既要能保证培训效果又不能影响当前生产经营活动；培训需要相应的师资力量，企业既可以聘请外部培训机构的专业讲师，也可以选拔内部优秀人才担当培训讲师。

3）组织特质分析

组织特质分析主要是对组织系统结构、组织文化氛围、信息传播特质进行分析，使培训能够符合组织的价值，保证培训效果。

组织系统结构分析主要是对组织的输入、运作、输出、次级系统间的互动以及与外界环境的交流特征进行分析，具体包括分析审视组织运行系统能否产生预期效果，组织结构是否需要相应改变以及是否有相应的培训需求。

组织文化氛围分析是指分析组织的规章制度、经营方式、成员的行为和价值观，使培训者更深入了解组织。

信息传播特质分析是指分析组织部门和成员收集、分析和传递信息的分工与方式，使培训者了解组织信息传递和沟通的风格和特性。

4）组织环境分析

企业的生存和发展必须适应社会环境的变化，这就需要培训管理者对企业外部面临的政治、经济、法律、文化、技术环境进行分析，从中发现组织需要调整、适应的地方以及未来的发展方向，挖掘潜在的培训需求。

2. 任务层面的培训需求分析

任务层面的培训需求分析是通过查阅工作说明书，具体分析完成工作任务所需要的知识、技能和态度，找出员工目前状态与理想状态的差距，确定培训需求。

1）需要确定的因素

（1）工作任务的复杂程度：工作任务对思维的要求，是抽象性还是形象性还是兼而有之，是需要更多的创造性思维还是严格按照有关的标准执行。

（2）工作量的饱和程度：工作量的大小以及工作的难易程度，以及工作所耗费的时间长短等。

（3）工作任务内容和形式的变化：随着公司经营战略和业务的不断发展，有些部门的工作任务的内容和形式发生较大变化，有些部门的工作变化则较小。

（4）公司整体的发展：公司的各项工作任务之间是相互协调统一的，所以有必要从整体的角度出发，对工作任务进行分析，这样能更准确地确定该岗位在公司整个工作体系中的地位和所承担的责任。

2）任务分析的步骤

（1）建立全面的工作说明书。主要是对各岗位的主要职责及其任职条件进行详细说明。

（2）进行岗位任务分析。主要对各个岗位的工作内容、要求、结果进行分析，弄清每个岗位主要的任务以及完成的标准是什么。

（3）确定完成岗位任务所需要的知识、技能、能力、个性等。其中知识是指完成任务所需要了解的相关信息、原理、方法；技能是指完成任务所要具备的技巧性、熟练性的行为能力；个性特征是指员工的态度、性格、兴趣爱好等。

（4）确定培训需求。通过分析、比较每个任务及其在相应职务中的重要性、出现频率，所要花费的有效劳动时间，完成难度以及学习难度等，确定哪些知识技能需要纳入培训需求系统中。

（5）确定培训需求系统中各需求的级别和开发顺序。由于培训资源有限，不可能所有的培训需求都得到满足，就需要确定培训需求系统中每个任务与相关知识技能的培训优先级。

小专栏 2-2

赵先生的困惑

赵先生是某家酒店的行政主管，本来做得还不错，但是新来了一位副手，让他感受到了竞争压力，开始考虑“充电”。他选择了学习更专业的计算机知识，甚至连编程都认真地学，同时还把大学时曾经选修过的法语也重新捡了起来。在他终于勉强把自己变成了一个初级程序员，并对法语也重新有了点感觉的时候，却得知公司打算让副手取代他。

3. 人员层面的培训需求分析

人员分析是对员工现有的绩效水平与期望绩效进行对比，发现两者之间的差距，确定需要接受培训的员工以及培训内容。

人员分析内容包括以下几方面：

1）员工的知识结构

员工做好工作通常需要具备与岗位相对应的知识结构，缺乏相关知识会影响工作绩效，因此对员工进行知识结构分析是准确制定培训方案、提高员工绩效的方法。

2）员工的专业技能

员工所在的岗位不同，从事的工作性质不同，需要的专业能力和技能也不一样。要了解员工的岗位胜任力就必须对员工的专业技能展开分析，为员工制定相应的培训方案。

3）员工的年龄结构

不同年龄员工的特质存在差异，接受新事物、新观念的能力也明显不同，因此在分析培训需求时也应考虑年龄结构，并以此决定岗位培训的内容。

4）员工的个性

员工的个性会影响工作表现。通常不同的工作岗位对员工的个性有不同的要求，例如销售岗位，通常要求员工外向、善于交流表达，而会计岗位则要求员工细心、谨慎。员工的个性通常是稳定的，但也不是一成不变的。在培训需求分析时，管理者也要注意员工个性对绩效的影响，尽量选用符合岗位气质要求的员工，或通过适当的培训，让员工尽量具备符合工作岗位的气质。

5）员工能力

员工能力分析即分析员工实际拥有的能力与完成工作所需的能力之间的差距。若员工实际能力低于岗位要求，那么就需要参加培训来提高相应能力。

实际上组织分析、任务分析、人员分析并不是按照特定的顺序进行的。不过由于培训一般和公司的战略目标及公司是否愿意在培训上投入时间与资金有关，因此组织分析一般先于人员分析和任务分析，人员分析和任务分析通常同时进行（见表 2-2）。

表 2-2　中高层管理者及培训主管在培训需求评估中关注的重点

	高层管理者	中层管理者	培训主管
组织分析	培训对实现我们的经营目标重要吗？	我愿意花钱搞培训吗？要花多少钱？	我有资金来购买培训产品和服务吗？ 经理们会支持培训吗？
人员分析	哪些部门需要培训？	哪些人需要接受培训？经理、专业人员，还是一线雇员？	我怎样才能确定需要培训的雇员？
任务分析	公司需要具备一定知识、技术、能力、可参与市场竞争的雇员吗？	在哪些工作领域内培训可以有效地提高产品质量或客户服务水平？	哪些任务需要培训？ 完成该任务需要具备哪些知识、技能或素质？

2.3 培训需求信息搜集方法与培训需求分析方法

1. 培训需求信息搜集方法

搜集培训需求信息的方法有很多种，包括观察法、问卷法、访谈法、集体

（小组）讨论法、测验法和关键事件法等。每种方法都有其优缺点以及适用的情形。

1）观察法

观察法是培训者亲自到员工工作岗位上去了解员工的具体情况。通过与员工一起工作，观察员工的工作技能、工作态度，了解其在工作中遇到的问题及可用培训解决的问题。观察法的优点在于通过观察可以直接获得生动的资料信息，及时发现到正在发生的问题。但观察法也存在一些缺点，例如这种方法一方面受到观察者本身的技巧、主观意识等因素的影响，另一方面也受到时间和地点的限制，观察者只能在有限时间内在观察到的环境中搜集资料。

2）问卷法

问卷法是目前收集培训需求最流行且最有效的方式之一。它是指通过将一系列问题编制成问卷，发放给调查对象填写之后再收回、分析，获取有关培训需求信息的方法。问卷法的优点在于：可在短时间内收集到大量的反馈信息，节省时间，成本低；因为采用无记名的方式进行，调查对象可畅所欲言；所得到的信息资料比较规范，容易进行分类汇总。缺点在于：针对性太强，无法获得问卷之外的信息；调查者需要用很长的时间去仔细研究和编制问卷；易造成低回收率；有些答案不符合要求，不利于培训需求分析；很难收集到关于问题产生的原因和解决方法的准确信息，因为很多人不愿意提供太具体的回答。

3）访谈法

访谈法是指通过与被访谈人进行面对面或电话沟通等方式来获取有关培训需求的信息。访谈的形式可以是非常正式的也可以是非正式的。访谈可以针对个人，也可以针对群体；访谈可以采用面对面的形式，也可以通过打电话的方式进行；访谈地点可以在工作现场，也可以在非工作场所。访谈的优点是：可以直接发现培训需求产生的具体、原因和解决办法，为调查对象提供自由表达意见的机会；可以及时引导访谈对象，灵活控制访谈内容。它的缺点在于：通常会花费较长时间；访问者需要具备较高水平，否则易使调查对象紧张或心生警惕，不敢据实相告，以致影响所得信息的可靠性。

4）集体（小组）讨论法

集体（小组）讨论法是指从一组熟悉情况的人群中获得信息的方法。通常一个小组由 8~12 人组成，有两名协调员，一人组织讨论，一人负责记录。它的形式是灵活多样的，具体表现为：第一，可以是正式或非正式的，结构性的或非结构性的，或两者兼而有之；第二，可以集中于工作（角色）分析，或者对任务或专题的分析；第三，可同一种或者几种比较熟悉的方法相结合，如头脑风暴法、对照法等。它的优点在于：允许当场发表不同观点；利于最终形成决策；由于数据分析是（或者可能是）由几个人共同进行的，因此减少了对调查者的依赖；有助于调查者成为好的问题分析者或者好的倾听者。缺点在于：比较耗费时间；通常在公开场合进行，调查对象可能不会发表自己的真正观点和看法，得到的数据很难进行汇总和分析，特别是在讨论缺少结构性的时候。

5）测验法

测验法是指用一套标准的统计分析量表，对各类人员的知识掌握程度、技术熟练程度、态度观念、素质等进行评估，并根据评估结果，确定培训需求。它的优点是：量表的编制通常比较严谨，测验结果准确可靠；定量化程度高，实测容易控制，结果处理方便；可以根据需要，选择已标准化或修订过的测量表，而不用自己编制，方便省力；量表一般建有常模，可以进行对比研究。它的缺点是：难以排除人为因素的影响；测验项目数量少则有效程度有限，测验项目数量多，则费时费力。

6）关键事件法

关键事件法是由美国学者 J.C・福莱诺格（J. C. Flanagan）和伯恩斯（Baras）在 1954 年共同创立的，指的是由上级主管者记录员工平时工作中的关键事件，关键事件一种是做的特别好的地方，一种是做的不好的地方。在预定的时间，通常是半年或一年之后，主管者可利用积累的记录，与员工对相关事件进行讨论，并将其作为员工测评的参考依据。它的优点在于易于分析和总结，可以分清是培训需求还是管理需求；缺点是事件的发生具有偶然性，容易以偏概全。

2. 培训需求分析方法

1）基于胜任力模型的培训需求分析模型

胜任力这一概念是 D.C・麦克利兰（D. C. McClelland）于 1973 年提出的，是指胜任某一工作或任务需要的个体特征，包括个人知识、技能、态度和价值观等。胜任力模型是指承担某一特定的职位所应具备的胜任力特征的总和，即在特定职位表现优异者需具备的胜任特征组合。麦克利兰认为胜任力模型是“一组相关的知识、态度和技能，它们影响个人工作的主要部分、与工作绩效相关、能够用可靠标准测量和通过培训和开发而改善”。J.P・吉尔福德（J. P. Guiford）则认为：“胜任力模型描绘了能够鉴别绩效优异者与绩效一般者的动机、特质、技能和能力，以及特定工作岗位或层级所要求的一组行为特征。”企业自然希望每个员工都与最优秀的员工一样，具备能够成功完成自身岗位职责的综合素质。那么如果要缩小普通员工与理想员工之间的差距，就必须要针对表现一般的员工进行培训，提高其素质。

基于胜任力模型的培训需求分析主要采取以下步骤：第一，根据企业的内外部环境和对未来的预测，制订出符合企业发展目标和战略计划。根据战略计划分析每个岗位应具有的能力和素质，接着进行职业概描，即确定每个岗位达到相应绩效水平应具备的知识、能力和态度等。第二，进行个人概描，即根据职位的绩效标准来评估任职者目前的绩效水平以及岗位胜任能力。第三，对个人进行胜任力评估，找出员工绩效与标准绩效之间的差距，分析差距产生的原因，并且找出可以通过培训来改进的胜任力素质。第四，确定员工需要提升的知识、技能及态度，制定培训需求的内容。

2）前瞻性培训需求分析模型

前瞻性培训需求分析模型是由美国学者 T.L・利普（T. L. Leap）和 M.D・克里诺（M. D. Crino）提出的。将前瞻性思想运用在培训需求分析中是该模型的精髓，该模型认为随着技术的不断进步和员工个人的成长，即使员工目前的工作绩效是令人满意的，也可能会因为工作调动、晋升或者工作内容变化等原因产生培训需求。前瞻性培训需求分析模型为此提供了良好的分析框架，在确定员工任职能力和个人职业发展方面极具实用价值。该模型建立在对未来需求的分析的基础上，充分考虑了企业发展目标与个人职业发展规划，使培训工作变被动为主动，更具有战略意义。然而，预测难免出现偏差，而且前瞻性思想只关注了员工未来的发展，忽视了企业的发展需求，因此根据模型得到的结果未必都能与组织战略、业务发展要求相适应，存在着与企业战略目标相脱节的问题（见图 2-1）。

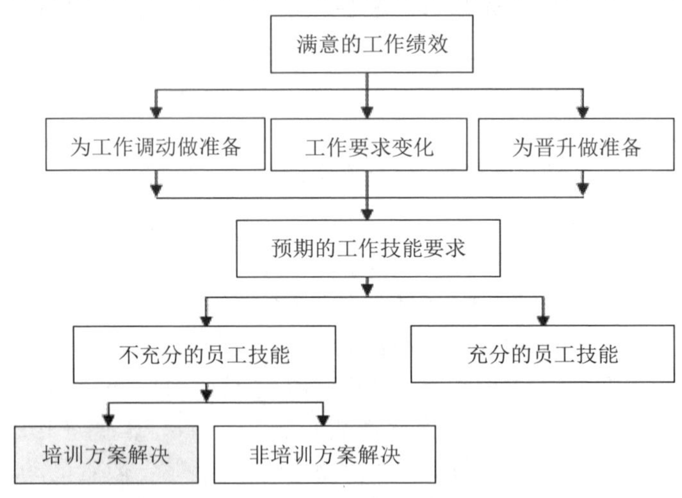

图 2-1　前瞻性培训需求分析模型图

3）培训需求差距分析模型

培训需求差距分析模型是由美国学者 T.W・戈特（T. W. Gote）提出的，该模型分析了员工绩效“现实状态”与“理想状态”之间的“差距”，并通过分析差距，依此确定员工知识、技能和态度等方面需要培训的内容，如图 2-2 所示。采用培训需求差距分析模型包括三个步骤：首先评价员工或组织当前的绩效水平，其次明确实际工作结果与期望工作目标之间的差距，最后具体分析产生差距的原因，并通过培训解决此问题。

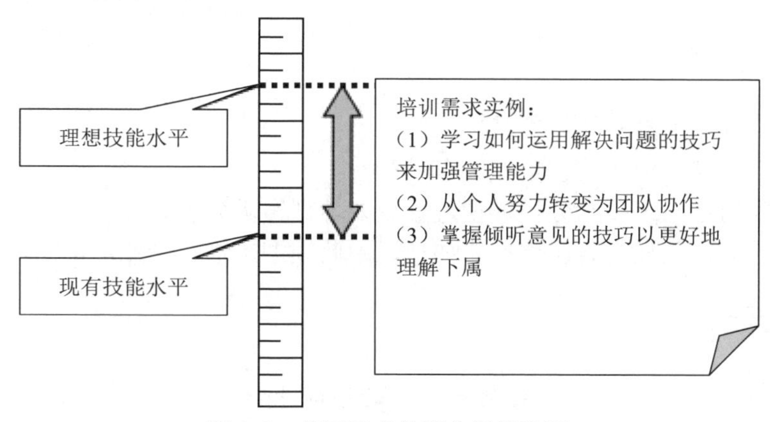

图 2-2 培训需求差距分析模型图

3. 撰写培训需求分析报告

撰写培训需求分析报告是将培训需求分析的整个过程写成书面文字，并对培训需求进行分析、整理和汇总，形成报告的过程。培训需求分析报告不仅是培训需求分析的总结材料，而且还是企业制订培训计划前的调研报告。该报告通常包括以下内容：

（1）标题。

（2）背景说明，包括开展培训需求分析的目的和必要性；组织培训的目标；负责培训需求信息搜集工作的主要人员、调查对象、起止时间、调查方法及工具。

（3）调查对象信息，包括调查对象的知识、技能、态度以及工作现状。

（4）针对培训需求信息进行分析，包括企业战略分析、企业资源分析、工作职位分析、员工绩效分析、问题分析等。

（5）培训需求调查所得出的实际情况与预期情况的差距和整改方案。

（6）培训项目可行性方案。

（7）附录，包括收集和分析信息时采用的相关图表、问卷资料等。

在完成分析报告后，相关负责部门还应该对需求分析结果进行确认，确认要分部门进行，相关部门的员工、管理人员需要对培训需求分析的结果进行确认和调整。

本章小结

本章主要介绍了员工培训需求分析的基本理论，包括员工培训需求分析的涵义、作用、培训需求分析的流程以及培训需求分析的基本内容；通过本章的学习，可以了解培训需求信息的搜集方法、培训需求信息的分析方法，并掌握如何撰写培训需求分析报告。

复习与思考

（1）培训需求分析的作用是什么？

（2）培训需求信息的搜集方法有哪些？

（3）如何运用三要素分析模型进行企业培训需求分析？

（4）什么是胜任力素质模型？如何运用此模型来进行企业培训需求分析？

课后案例

K 银行总行的培训计划

K 银行总行有一项培训计划，每年选派三名年轻员工到英国的大学攻读金融领域的硕士学位。根据中英两国间的一项协议，英国财政部每年向该银行推荐、选拔出的三位员工提供奖学金，共 2 万英镑；学业完成后，员工应回到 K 银行服务至少五年后方可调离。该项目自 1996 年施行以来，已有十多名员工学成归来。2002 年 5 月，年轻职员陈某经过层层考核，与其他两位同事一起获得了该项目奖学金。但是，与其同事不同，陈某在申请之初就没有计划毕业后回到本部工作。她凭借优异的专业背景、业务能力和英语水平，获取了著名的伦敦商学院的录取通知书。虽然该课程的学费高出其他学校同类课程一倍，但学校良好的声誉和教学质量，帮助陈某顺利地申请到 2 万英镑的助学贷款。陈某用英国财政部提供的 2 万英镑奖学金交了学费，又申请了 2 万英镑的助学贷款以解决自己和丈夫在伦敦一年的生活费。以陈某回到总行工作的工资水平，她要用十年时间才能还清贷款，因此，她决心到一家外资银行去工作，那样，她就能在三年之内还清贷款。行期将近，人事部多次通知陈某签合同，陈某躲过去了。最后，人事部派人到机场，在陈某办理登机手续前签了合同。2003 年 9 月下旬，陈某学成归国，回原单位报到。不过，国庆长假结束后，她便向单位递交了辞呈；在还清了单位为其垫付的雅思考试报名费、赴英签证费等一些费用后不久，她便离开北京，去香港的一家银行上班了。

（资料来源：https://wendang.xuehi.cn/doc/2b7fojhaef1omaygpjdn-6.html）

思考题

（1）你认为 K 银行的培训项目在管理中存在哪些问题？

（2）你认为 K 银行应从哪些方面改善培训体系，并阐述该如何进行改善。

延伸阅读

A集团分公司商务总监培训需求分析

A集团成立于1999年，是香港联合交易所上市公司。自成立以来，A集团始终致力于为中国企业特别是成长型企业提供专业的信息化服务，在国内率先开创了运营模式信息化的先河。基于对成长型企业的特点和信息化需求的深刻理解，A集团坚定地选择了将运营模式的信息化作为帮助企业实现信息化的手段。遵循这一理念，A集团已成功为超过45万家企业客户提供了全方位、多层面的信息化解决方案。伴随着中国经济的蓬勃向前和企业信息化的推进，A集团的发展也极为迅速，现已在全国设立了70余家直属分支机构，员工总数7 200余人，拥有研发及运营工程师1 500余人，成为规模庞大、实力雄厚的信息化运营服务商。

1. A集团战略发展要求

（1）企业使命：成为中国企业信息化服务领域的领导品牌，成为推动中国电子商务发展的主力军。

（2）企业使命：提供最适合中国企业、随需应变的整体解决方案。让中国企业不分大小、在任何时候、任何地方，都能轻松享受信息科技的最新成果，都能轻易开展电子商务、实现信息化，将商机和梦想延伸到世界各地。

（3）企业价值观：诚信、共赢、客户导向、承担责任、团队协作、创新开放。

（4）企业精神：责任、勤奋、专业、创新。

（5）年度战略经营目标：集团营业额达到9.3亿元，利润率18%以上，进入中国IT服务八强；商务网络达到85家，在此基础上年人均产值达到14万元；公司全面实现盈利；大幅度降低客户流失率，提高客户满意度；培养更多的忠实用户；不断提高市场占有率；推出电子商务门户网站，初步建立在互联网企业门户领域的市场地位。

2. 分公司商务总监岗位模型

分公司商务总监是分公司商务管理工作的最高负责人。其直接向商务区的区域商务总监、区域总监、全国商务总监或总部主管销售及市场工作的副总经理汇报日常工作，直接下级是所在分公司的商务经理。根据公司商务体系的提升策略和绩效指标，梳理和设计了分公司商务总监岗位模型，具体内容如下：

（1）管理工作。全面认真地贯彻执行公司总部的销售政策，结合分公司所在地的具体市场情况，制定适合分公司的销售管理制度，并做好商务团队的建设和管理工作，执行分公司具体的销售策划和管理工作，圆满完成并努力超越公司总部分配的销售任务。

（2）规划工作。拟订分公司年度、季度和月度销售策略和计划，负责监督指导分公司商务部的工作任务分配及人员安排。这需要公司商务总监具有前瞻性与协调性。

(3) 执行工作。负责实施公司总部制订的销售计划，执行总部的各项政策。这考验公司商务总监的执行力。

(4) 沟通工作。及时收集整理公司总部销售政策在分公司的执行情况，并向总部相关部门反馈，协调上下级的关系，保证信息的及时传递。

(5) 革新工作。优化分公司的产品销售结构，积极开拓新市场，控制分公司的商务预算，降低营销费用。在不违反公司总部规定的前提下，不断改善分公司的商务操作和管理流程，思考并提出销售的整体策略，提出具有创意并适合分公司发展的销售策略和建议等。

(6) 商务人事管理和培训工作。负责分公司商务团队的人事管理工作，对分公司商务人员进行客观公正的绩效考评，提升商务人员的专业能力和综合素质，培养与输送商务干部。

(7) 公共关系与外联工作。规范分公司商务人员的销售行为，及时妥善处理客户投诉，建立并维护分公司与当地政府部门和媒体的公共关系和公众形象，负责与公司内部其他分公司的日常沟通与合作。

3. 分公司商务总监的能力要求

(1) 技术运用。拥有丰富的产品知识，熟练掌握产品的销售技巧和销售流程，能解决实际工作中与产品销售和使用有关的各种问题，防止出现“外行领导内行”的情况。

(2) 管理组织。拥有全局观,有较强的管理及组织能力，能领导下属完成预定目标，突破业绩瓶颈，打造符合公司企业文化的商务团队，并以优秀的企业文化来促进工作的发展。

(3) 概括表达。能够清晰概括问题，指导下属工作，避免因表达不清楚或理解错误而在上下级衔接中出现命令与策略没有执行到位、没有达到预期目标的情况。

(4) 知人善用。能善于观察和发现人才，贯彻“以人为本”的原则，培养和塑造人才，能留住人才，能充分调动下属的工作积极性，发挥其能力，形成共同的合力。

(5) 人际沟通。善于沟通并建立良好的人际关系，从侧面推进工作的顺利进行。

(6) 敢于承担责任。遇到问题，敢于承担责任，不向上推诿，不向下推卸，并努力解决问题。

(7) 良好心态。宽容大度，面对压力和挑战，能自我调节和自我激励，防止因压力而造成的心理障碍影响工作的顺利进行。

(8) 学习分享。渴望学习，善于学习和分享，并主动将新知识转化为新技能和新能力。积极带动企业形成良好的学习风气，打造学习型团队。

4. 分公司商务总监能力水平评价等级

分公司商务总监能力由低到高分为 5 个等级。

（1）知道：了解工作的要求与标准，在任何时候都能够清晰地了解所有工作的实际情况和细节。

（2）理解：可以在别人的辅导下完成工作，能够将所有信息进行解释、转化、总结和完善，并具备相关的知识来呈现出个人的领悟和理解。

（3）独立应用：无需辅导就可以完成工作目标，能够根据特定的情形灵活运用不同的信息，具备在新环境下运用领悟和理解综合信息的能力。

（4）分解培训：可以培训或辅导别人，能够将整体进行分解，并清晰地了解每个环节之间的关系，具有运用和分析所有相关信息的能力。这是由受教者到施教者的一个转变。

（5）整合改进：可以对流程和方法进行改进和调整，通过整合已有的各种因素成一个全新的整体，具备综合分析的能力。

5. 分公司商务总监能力水平评价结果

根据能力水平评价等级，对分公司商务总监进行了自我评价和上级主管评价。最终结果如图 2-3 所示。

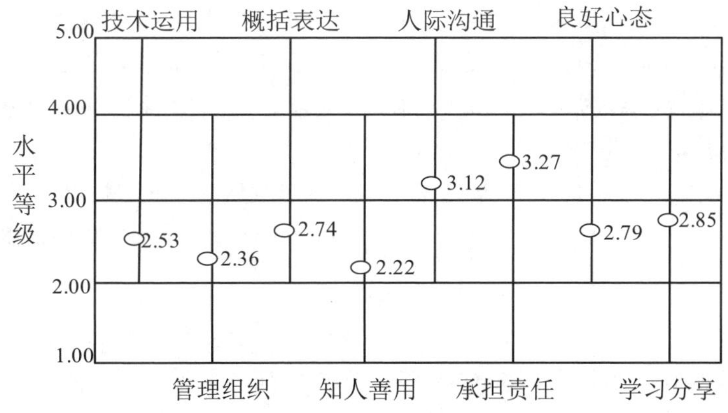

图 2-3　需求验证后培训需求结果导出模型

从上图对每一种能力赋予的分值，我们可以看出，分公司商务总监人际沟通和承担责任两个能力是高于标准要求的，而其余各项都需要相应的提高，尤其在技术运用、管理组织、知人善用这三方面的能力上，还有很大的改进和提升空间，完善这三个“短板”后，对公司商务总监整体水平的提高以及职能的发挥将有极大的促进作用。

6. 培训需求分析问卷调查

针对分公司商务总监进行的培训需求问卷调查，主要分为两个部分：培训课程需求和对培训工作的建议，调查内容如下：

1）培训课程需求

（1）您认为下列培训课程中，哪些课程对您胜任目前的工作或对您个人的发展最重要？

（2）您认为下列培训课程中，哪些对您开展或胜任目前的工作最重要？

2）对培训工作的建议

（1）您认为最有效的教学方法是什么？

（2）您认为目前阻碍您提高工作绩效的主要因素是什么？

（3）您认为某一门课程的时长为多长比较合适？

（4）您接受培训时倾向于选择哪种类型的讲师？

（5）您认为在过去一年参加的培训课程中最让您满意的是什么？

（6）您认为一个月累计参加培训的时间为多长比较合适？

7. 培训需求分析总结

培训需求分析的总结从三个方面进行，包括导致问题的培训需求、实施现有战略的培训需求、实现未来目标的培训需求。另外，大家对培训对实际工作的支持程度和培训时间等方面提出了建议，因此，后续培训工作必须强调培训课程的实用性和可转化性，针对大家提出的问题和要求，有针对性地加以改进和完善，才能真正提高员工工作的效率和绩效。

（资料来源：中天华溥：实战案例——如何进行培训需求分析？，https://www.sohu.com/a/208725182_389451）

思考题

（1）此案例是从哪几个层面对A集团分公司商务总监的培训需求进行分析？各个层面的培训需求分析具体是如何开展的？

（2）你对A集团分公司商务总监培训需求分析有何建议？

3

培训计划与培训项目设计

学习目标

（1）了解培训计划的概念及种类；
（2）了解培训计划的作用；
（3）熟悉制订培训计划时应考虑的因素及制订培训计划的步骤；
（4）了解设计培训项目的原则和步骤。

引例

别具一格的杜邦培训

作为化工界老大的杜邦公司在很多方面都独具特色。其中，公司为每一位员工提供独特的培训，因而杜邦的“人员流动率”一直保持在很低的水平，在杜邦总部连续工作 30 年以上的员工随处可见，这在人才流动相当频繁的美国是十分难得的。

杜邦公司拥有一套系统的培训体系。虽然公司的培训协调员只有几个人，但他们却把培训工作开展得有声有色。每年，他们会根据杜邦公司员工的素质、各部门的业务发展需求等拟出一份培训大纲，清楚地列出该年度的培训课程、培训内容、培训教员、授课时间及地点等，并在年底前将大纲分发给各业务主管。同时根据员工的工作范围，结合他们的需求，参照培训大纲为每名员工制订一份培训计划，员工会按此计划参加培训。

公司还为员工提供平等的、多元化的培训机会。每位员工都有机会接受像公司概况、商务英语写作、有效的办公室工作等内容的基本培训。公司还一直很重视对员工潜能的开发，会根据员工的教育背景、工作经验、职位需求提供不同的培训。培训范围从前台接待员的“电话英语”到高级管理人员的“危机处理”。此外，如果员工认为社会上的某些课程会对自己的工作有所帮助，可以向主管提出，公司就会合理地安排人员进行培训。

为了提高员工参加培训的积极性，杜邦公司实行了特殊教员制。公司的培训教员一部分是从社会上聘请的专业培训公司的教师或大学的教授、技术专家等，而更多的则是杜邦公司内部的资深员工。在杜邦公司，任何一位有业务或技术专长的员工，小到普通职员，大到资深经理都可作为教师给员工们讲授相关的业务知识。

制订好培训计划、设计好培训项目有利于企业培训顺利进行，同时帮助企业合理利用资源，以最经济的方式达到最优的培训效果。本章主要介绍如何科学制订培训计划以及如何合理进行培训项目设计。

3.1 培训计划概述

1. 培训计划的概念

培训计划是指从组织的战略出发，在全面、客观的培训需求分析的基础上，根据组织现有的资源条件，对培训时间、培训地点、培训者、培训对象、培训方式和培训内容等进行系统设定。培训计划必须同时满足企业与员工的需求，充分考虑企业经营未来的变化和培训过程中的不确定因素。

培训计划要考虑的问题：为什么要进行培训（Why）；培训的内容是什么（What）；培训的负责人是谁（Who）；培训的对象是谁（Whom）；什么时间培训？培训多久（When）；在哪里培训（Where）；如何实施培训，培训用什么方法和技术（How）；培训的经费需要多少（How much）。

2. 培训计划的种类

按不同的划分标准，培训计划可以有不同的分类：按时间跨度，可以分为长期培训计划、中期培训计划和短期培训计划；按层次，可以分为企业整体培训计划、部门培训计划和个人培训计划。本章重点介绍长期培训计划、中期培训计划和短期培训计划。

长期培训计划一般指时间跨度为 3~5 年的培训计划。它涉及的不是培训的细节，也不是具体的培训内容，而是根据企业的现状和发展趋势、目标与现实之间的差距，明确培训的方向以及资源配置的方案，因此具有战略意义。其内容包括培训目标、外部环境分析、目标与现实差距、培训资源配置、培训效益预测等。

中期培训计划指时间跨度为 1~3 年的培训计划。它起到了承上启下的作用，进一步细化了长期培训计划，同时又为短期培训计划提供了参考。与长期培训计划相比，中期培训计划的目标更加具体。

短期培训计划指时间跨度在 1 年以内的培训计划。它需要明确的事项更具有操作性，包括：培训的目的与目标、培训时间、培训地点、培训者、培训对象、培训方式、培训内容、培训资源的分配使用等。

小专栏 3-1

学徒计划

学徒计划是雀巢培训的重要组成部分。这些学徒每周在学校学习两天，在雀巢工作三天。来自雀巢的学徒萨帕认为这样的培训计划对他就非常有用，他不仅可以学到怎样烘焙面包，还可以学到微生物、财务、销售等方面的知识。

3. 培训计划的作用

培训计划犹如指路明灯，为培训项目的具体实施、管理控制以及评估指明了方向，它的作用主要包括以下几点：

1）作为培训项目设计与实施的依据

企业培训项目的设计与实施需要依照培训计划进行。培训项目涉及方方面面，首先要在计划明确的范围之内，按照培训计划的原则和规定进行设计和落实。

2）明确培训实施各方的职责

培训涉及的人员范围较广，如果没有明确各个阶段的相关责任者，培训将会陷入混乱，而在培训计划中十分清楚地列明相关部门和人员的职责，可以起到落实具体责任的作用，将便于培训的实施与管理。

3）为培训结果评估设立标准

培训计划通常包含了预期的培训效果。培训结束后，可参照当初设立的计划，对培训最终的实施效果进行评估。如果与预期不符，就是没有达到培训效果，那么就需要对培训的每个环节进行检查，寻找原因。

4. 制订培训计划时要考虑的因素

制订计划时需要考虑的因素很多，主要包括管理者的参与、员工的参与、培训所需时间以及培训所需成本。

1）员工的参与

员工参与培训计划的设计和制订有利于使培训课程更切合员工需要，也有利于加深员工对培训的了解，增强管理者与员工的联系，发挥员工的积极主动性，获得他们对培训的支持。

小专栏 3-2

参与式管理

在日本，多数企业内部决策是通过会议或者禀议而作出的。这种方式避免了仅靠个人决定所带来的风险，可以使作为决策前提的价值标准和信息能够在成员之间得到传播。日本式管理是以“理念”为主的管理体制，强调和谐的人际关系、上下协商的决策制度、员工对组织忠诚与组织对社会负责。它体现的是一种政府和国民的通力合作、稳定的劳资关系、充满敬业精神并忠诚于企业的高质量劳动力、以质量管理小组为中心的小集团活动和长期投资的理念。“日本式管理”的三大核心是：终身雇佣制、年功序列制和企业工会制。他们都只是日本“特色”，而不是日本“范式”。

2）管理者的参与

各部门的主管通常比较了解员工的培训需求并能够提供培训时间等信息，邀请他们共同参与培训计划的制订，可以提高成效。

3）培训所需时间

制订培训计划时，必须准确预测培训所需时间，考虑在该段时间内实施培训会不会影响组织的正常运作。培训课程必须严格按照预先拟定的时间表进行编排。

4）培训所需成本

培训计划必须考虑到组织的资源，在合理的范围内配置培训所需的人、财、物，使得培训能够顺利开展，并能保证一定的质量。

5. 制订的培训计划步骤

培训计划的制订是整个培训过程的重要环节，因此培训计划的每个步骤都要经过合理规划、安排。制订培训计划的步骤如下图 3-1 所示：

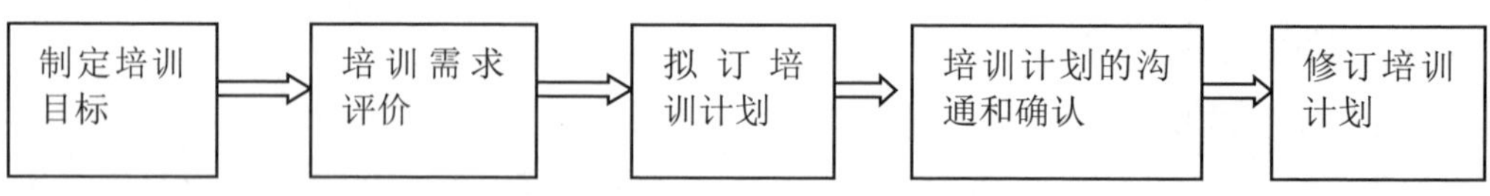

图 3-1 培训计划的制订步骤

1）制定培训目标

培训目标明确了培训要达到的效果，培训管理者主要依据组织的实际需要和员工的素质状况来制定培训目标。

2）培训需求评价

培训需求评价就是要明确在既定的目标框架下，组织的能力、员工的素质技能目前是一个什么样的情况。培训管理者应依据培训的目的，开展培训需求调查。

3）拟订培训计划

拟订培训计划具体内容如表 3-1 所示：

表 3-1　培训计划具体内容

项目	具体内容
培训目的	培训要有明确的目的，培训目的要简洁，具有可操作性，并有一定衡量标准
培训对象	根据培训需求调查分析的结果，结合组织发展战略，确定需要接受培训的人员
培训课程	对于不同的培训对象，在不同阶段，培训内容是不一样的
培训讲师	培训讲师分为外部讲师和内部讲师。可根据培训的内容需要，以及内、外部的资源选择培训老师
培训内容	培训内容通常根据课程而定，通常涉及管理实践类、行业发展、公司制度、企业文化、工作业务流程等方面
培训形式和方法	培训形式一般包括岗前培训、在职培训、脱岗培训；培训方法应根据培训内容、培训场所、培训形式和对象来确定
培训时间	培训时间尽量不与日常工作时间相冲突
培训地点	要依据培训方式、培训经费和培训内容来确定培训地点
培训设备准备	培训设备主要有两大类：一是资料类，如学员的教材、笔记本、评估表、培训说明；二是器材类，如试听设备、录音录像设备及器材
培训效果评估方法	一般通过考试、受训者意见反馈、受训者行为变化、培训工作的投入产出分析等评估培训效果
培训预算	培训费用预算主要由组织的人力资源发展战略、组织行业特点、员工整体水平等诸多因素决定

4）培训计划的沟通与确认

培训计划涉及企业的未来收益，也涉及员工自身的发展，所以培训计划制订完毕后还需做好相关的沟通和确认工作。一方面要与企业管理者沟通，制订出符合企业实际情况的、可操作的、科学的计划，另一方面要与参加培训的人员进行沟通，了解他们在课程内容、授课方法、授课时间、地点以及场所方面的意见和建议。

5）修订培训计划

培训计划制订完成后，培训组织者要召开培训计划可行性确定会议，就培训计划制订的目的、预期达到的目标、在实施中可能出现的问题以及解决方案，与公司管理层和各部门主管进行汇报、沟通，获得管理层和相关部门的确认和支持。必要时作出调整和修订，为更好地推行培训计划打好基础。

3.2 培训项目设计

1. 培训项目设计的概念

培训项目设计是指根据企业现状及发展目标，系统地制订各部门、各岗位的培训计划。培训部门必须对培训的内容、方法、讲师、教材、学员、经费以及时间等有一个系统的规划和安排。

2. 培训项目设计的原则

1）以需求为导向

安排员工培训是为了企业实现更好的发展，因此在设计培训项目之前必须了解企业实际的发展情况，在此基础上进行员工培训需求分析，才能做到有的放矢，提高培训效果。

2）突出实用性

设计培训项目时应突出强调培训课程的实用性，以应用为目的，干什么学什么，缺什么补什么，使员工在学习之后有用、能用、会用。通过培训就可以在较短的时间内把所学知识、技能应用到岗位工作中，提高工作绩效。

3）强调针对性

企业中不同层次的人员所处的环境、所承担的岗位任务不同，需要具备的知识和技能也不同，因此，设计培训项目时应充分考虑受训者所在岗位，了解员工学历层次、知识层次、能力层次，有针对性地设置课程内容，增强培训的针对性。

4）适度超前性

随着科技的进步、时代的发展，各种新技术、新业务层出不穷，培训项目要紧跟现代科技的发展，适应企业未来的发展趋势，增加有关新知识、新技能、新业务的课程。

5）资源利用合理化

企业的资源有限，投入培训的资源也有限，在设计培训项目时要充分考虑资源的合理使用，在保证生产运营正常进行的前提下，合理投入人、财、物，使培训工作做到事半功倍。

3. 培训项目设计步骤

1）确定培训项目的目标

培训项目的目标是指该项目的总体学习目标。学员接受培训后能够做什么？它由组织需求和学员个人需求共同决定。项目设计者应该根据时间、资源、可行性、紧迫性、重要性确定目标的优先顺序。为学员设置明确的、具有一定难度的项目目标，可以提高培训效果。项目目标设置要合理、适度，与每个人的具体工作相联系，使接受培训的人员感到目标既来自工作，又高于工作，能够促进自身发展。

一个完整的培训项目目标包括三个基本构成要素：行为（能力）表现、行为发生的环境条件、行为（绩效标准）。确定培训项目目标时，一方面要指出学员在接受培训之后所应掌握的知识与技能；另一方面应该指明学员在接受培训之后，在特定环境下，所能表现出的某种特定的行为，以及企业期望其达到的业绩。

2）确定培训对象的需求

为了合理运用企业的资源，需要在培训前进行需求分析，根据需求来设计培训项目，不能单纯地为了培训而培训。确定培训项目对象的需求时不应仅针对员工个人的需求进行分析，而且应将员工的个人需求和企业的发展目标相结合。员工的个人需求往往不够客观，有的培训需求实质上是没有必要的。企业的资源有限，只有确定了现实的培训需求，才可以达到预期的培训效果，并将培训效果转化到工作上。

小专栏 3-3

雀巢的扫盲计划

你可能会很奇怪，雀巢公司竟然还需要扫盲？的确如此。因为在一些国家里，有的员工没有接受完整的小学教育。但雀巢没有歧视，也没有抛弃这些员工，而是为他们设立了特别的培训计划，提高他们基本的识字技能和读写能力。别小看这个培训计划。雀巢正将日益复杂的生产技术引入其在各国家设立的工厂。随着雀巢工厂的技术水平稳步提高，各级培训需求不断增加。没有这个扫盲培训，就更谈不上如何培养员工操作更先进的设备。

3）师资选择

选择培训项目师资时，首先要明确培训师资应该满足的职业素质和技能要求，然后根据不同的需求，选择最适合企业和受训人员特点的培训师资。企业应大力提倡和鼓励内部优秀员工担任培训师，并制定切实可行的内部培训师选拔与培养制度，明确内部培训师的选拔对象、选拔流程、选拔标准、上岗认证、任职资格管理、培训与开发以及激励与约束机制等，使每项工作的内容具体化、可操作化。此外，企业可以聘请外部培训师。要严格依照申请、试讲、资质认证、评价、聘请的程序对外部培训师进行管控，使外部培训师的选择具有针对性、适用性和高效性。

4）费用预算

企业培训应该考虑投入成本和产出收益，因此培训时要明确培训费用，进行项目预算。培训项目中可能产生的费用如表 3-2 所示：

表 3-2　培训项目费用预算

基本流程	具体流程	可能产生的费用
培训前期工作	培训需求调研	问卷设计、印刷、实施调研所产生的费用（面谈、电话调查等）
	培训课程开发	课程开发费用
	培训提案	提案制作费、提案印刷费
培训准备	培训人员测试	学习风格测试费、管理风格测试费、性格倾向测试费
	场地、器材	场地租赁费、必要器材的购买费用、易耗品的购买费用
	教案与教材设备	讲义制作费用、视频教材制作费用
	其他	笔记本、记录笔、标记笔
培训实施	培训师与助手费用	差旅费、住宿费、讲课费
	受训人员费用	交通费、住宿费
	其他必要开支	餐饮费、礼品费
培训后期工作	培训评估	后期培训效果追踪与工作指导产生的费用

制定培训项目的费用预算时，应明确费用项目、单项费用金额、费用支付方式、费用支付日期等。由于在培训中突发事件可能有很多，相应的费用会有增加，例如额外的人工费用、交通费、差旅费、场地租赁费等。

5）课程设计与开发

培训项目的课程设计方案就是培训课程的框架。一个培训项目可能包括一门或几门课程，每门课程要上一次或几次课。要在考虑培训项目目标的基础上设计特定的课程。课程方案的设计决定了培训项目执行的方法，并为内容开发做好准备。这阶段工作的成果就是将培训课程和课程细节构成一份设计文件。课程设计文件的主要内容包括课程的用途、学员概况、学员必备条件、课程主题、课程内容、课程大纲、教学方法、教学媒体、教学活动、评估方法、课程时间表、必需的教学设备以及器材和资源。

小专栏 3-4

雀巢国际培训项目

雀巢本土化的成功，很大程度上归功于其位于瑞士公司总部附近的国际培训中心。30 多年来，瑞威—莱纳国际培训中心汇聚了来自世界各地的雀巢经理们，他们向总部的高级经理们学习，彼此之间也可以互相交流。

国际培训中心对这些来自不同地区和职能背景的人精心编排课程，通常在一个班里包含了 15~20 个民族。中心每年举办约 70 个课程，来自 80 多个国家的约 1 700 名管理人员参加。大多数课程的讲师都是雀巢公司的经理，他们都有多年在许多国家工作的经验，只有 25%的教学是由外部专业人员完成的。这些课程大致可以分为两类：

管理课程：大概占到全部课程的 66%。参与课程的人通常是在雀巢公司工作了 4~5 年，这样做的目的是参与者能够真正理解雀巢的价值观和商业方法。这些课程侧重于内部活动。

高管课程：这些课程的学员通常都是 5 到 10 年前上过管理课程的人。重点是发展雀巢与外界合作的能力，课程会强调行业分析。

雀巢的首要原则是每个员工都应该有机会最大限度地发挥自己的潜力，之所以这样做，是因为他们相信，从长远来看，这对公司的经营业绩是有好处的。而且通过这种培训能加强公司和高素质员工的密切关系，这对企业的持续盈利也是非常关键的。

公司给员工提供终身学习的机会，要求他们在瞬息万变的世界中不断提升自己的技能，这样做不仅使公司不断地获得发展，员工也更加自信和自主。

6）设计培训项目效果评估方案

培训项目效果评估是对培训项目进行评价，主要目的在于对项目开始前后培训对象在素质和能力等方面的变化进行观察和评价，以此确定培训是否有效。通过培训效果评估还可以找到培训设计的不合理之处，了解学员对培训的满意度，以及培训项目的可改进之处。设计培训项目效果评估方案可以使培训实施有一定的标准，并在发生偏离时及时进行纠正。一般来说，培训项目效果评估方案的内容主要包括：在培训需求分析阶段是否对课程设置进行充分调研，调研覆盖是否全面，调研方法是否科学，数据分析是否正确，资料分析是否准确；培训目标是否清晰明确，拟定的培训活动是否完整，学员经培训后是否可达成绩效标准；组织培训时学员、讲师、教材是否经过适当甄选，培训时间、经费、资源是否合理分配；经过培训后，学员行为是否有改善，工作绩效是否真正得到提高。

培训项目方案设计出来后，必须要搜集企业各方的意见和建议，对培训目的、培训内容、师资构成、培训经费等内容进行评价和完善，从而减少实际操作中会出现的问题。经过反复评价后，将培训项目方案提交给企业高层确认，争取得到企业高层的支持。

本章小结

本章主要介绍了培训计划与培训项目设计的相关内容，系统梳理、总结了培训计划的基本概念、种类、作用、培训计划的制订步骤，分析了影响培训计划制订的因素。通过本章的学习，可以了解培训项目设计的基本概念、基本原则及步骤，学会如何进行培训项目设计。

复习与思考

（1）企业制订培训计划时要注意什么？

（2）制订培训计划的步骤是什么？

（3）培训项目的设计原则是什么？

（4）如何设计培训项目？

课后案例

华为新员工入职180天详细培训计划

新员工前6个月的培训往往体现了企业对人才培养的重视程度，但许多企业往往只将重点放在前15天，导致新生代员工的离职高峰出现在入职第6个月到1年，让企业损失巨大。如何快速提升新员工的能力，取决于前180天管理者都做了什么。下面介绍的华为新员工入职180天的详细培训计划，值得借鉴。

第一阶段：新人入职，让他知道来的目的。（3~7天）

为了让员工在7天内快速融入企业，管理者需要做到下面7点：

（1）为新人安排好座位及办公的桌子，并介绍周围的同事相互认识（每人介绍的时间不少于1分钟）；

（2）开一场欢迎会或聚餐，介绍部门里的每一人，加深认识；

（3）直接上司与其单独沟通，让其了解公司文化、发展战略等，并了解新人的专业能力、家庭背景、职业规划与兴趣爱好等；

（4）人力资源主管介绍新员工的工作职责及其发展空间和价值；

（5）直接上司安排第一周的工作任务，包括每天要做什么、怎么做、与任务相关的同事和部门负责人是谁；

（6）对于日常工作中的问题及时发现、及时纠正（不作批评），并及时给予肯定和表扬（反馈原则）；检查每天的工作量有多少及工作难点在哪里；

（7）让老同事（工作1年以上）尽可能多与新人接触，消除新人的陌生感，让其尽快融入团队。关键点：一起吃午饭，多聊天，不要在第一周谈论过多的工作目标或给予工作压力。

第二阶段：角色转变，让新员工知道如何能做好工作。（8~30天）

转变往往是痛苦的，但又是必须的，管理者需要用较短的时间帮助新员工完成过渡。下面提供五个关键方法：

（1）带领新员工熟悉公司环境和各部门，让他知道怎么写规范的公司邮件，怎么发传真，电脑出现问题找哪个人，如何接内部电话等；

（2）最好将新员工安排在老员工附近，方便老员工观察和指导；

（3）观察其情绪状态，通过询问了解其是否存在压力，帮助他及时调整；

（4）适时把自己的经验传授给他，让其在实践中学习，学中干、干中学是新员工需要做到的；

（5）对其成长和进步及时给予肯定和赞扬，并提出更高的期望。

第三阶段：让新员工接受具有挑战性的任务。（31~60天）

在适当的时候给予适当的压力，往往能促进新员工的成长，但大部分管理者却选择了错误的施压方式。

（1）了解新员工的长处及掌握的技能，让其明确工作的要求及考核的指标；

（2）多开展公司团队活动，观察其优点和能力，扬长避短；

（3）给其改正错误的机会，观察其在遇到逆境时的心态，观察其行为，看其是否具有培养价值；

（4）如果实在无法胜任当前岗位，看看是否适合其他部门，多给其机会，而管理者很容易犯的错误就是“一刀切”。

第四阶段：表扬与鼓励，建立互信关系。（61~90天）

管理者很容易吝啬自己的赞美，或者说缺乏表扬的技巧，而表扬一般遵循三个原则：及时性、多样性和开放性。

（1）当新员工完成具有挑战性的任务，或者有进步的地方及时给予表扬和奖励，体现表扬和鼓励的及时性；

（2）提倡多种形式的表扬和鼓励，多创造不同的惊喜，体现表扬和鼓励的多样性；

（3）向公司同事展示下属的成绩，并让其分享成功的经验，体现表扬和鼓励的开放性。

第五阶段：让新员工融入团队并主动完成工作。（91~120 天）

新生代员工不缺乏创造性，更多的时候需要管理者需要耐心地指导他们如何如何融入团队，进行团队合作。

（1）鼓励下属积极参与团队的会议并在会议中踊跃发言，当他们发言之后作出表扬和鼓励；

（2）多进行会议商讨激励机制、团队建设、任务流程，分享好的经验；

（3）与新员工一同探讨处理任务的方法，当下属提出好的建议时要去肯定他们；

（4）及时处理新老员工间的矛盾。

第六阶段：赋予员工使命，适度授权（121~179 天）

3 个月后，新员工一般会转正成为正式员工，也可以说新员工会真正成为公司的一分子，随之而来的是新的挑战，当然管理者的中心任务也要随之转为以下 5 点：

（1）帮助新员工重新定位，让其重新认识工作的价值、意义、责任、使命及高度，找到自己的目标和方向；

（2）时刻关注新员工，当其有负面的情绪时，要及时调整，当其问道负面问题时，要转换方式，从积极的一面去解答他的问题；

（3）让新员工领会企业的使命，放大公司的愿景和文化价值，放大战略决策和领导意图等，聚焦凝聚人心和文化落地，聚焦方向正确和高效沟通，聚焦绩效提升和职业素质提高；

（4）当公司有什么重大的事情或者振奋人心的消息时，要引导大家分享，激励下属；

（5）开始适度放权，让新员工自行完成工作，使其发现工作的价值并享受成果带来的喜悦，但放权不宜一步到位。

第七阶段：总结，制订发展计划。（180 天）

6 个月过去了，是时候帮新员工做一次正式的评估与发展计划了。一次完整的绩效面谈一般包括以下六个步骤：

（1）每个季度保证至少 1~2 次 1 个小时以上的正式绩效面谈，面谈之前做好充分的调查，谈话做到有理、有据、有法；

（2）绩效面谈要做到目的明确，可以先进行员工自评（做了哪些事情，有哪些成果，为成果做了什么努力，哪些方面做得不足，哪些方面和其他同事有差距）；

（3）对其成果、能力、日常表现进行评价，要做到先肯定成果，再说不足，注意在谈不足的时候要有真实的事例做支撑（依然是反馈技巧）；

（4）协助新员工制定目标和措施，让其做出承诺，监督、检查进度，协助其达成既定的目标；

（5）为新员工争取发展提升的机会，多与其探讨未来的发展，至少每3~6个月为其评估一次；

（6）给予新员工参加培训的机会，鼓励其平时多学习，多看书，为每个人制订出成长计划，分阶段去检查。

第八阶段：全方位关注下属成长。（每一天）

（1）关注下属的生活，当其受到打击、生病、失恋、遭遇生活变故或心理产生迷茫时，多给予支持、沟通、关心和帮助；

（2）记住部门每个同事的生日，并在生日当天部门庆祝；记录部门的每件大事和同事的每次突破，对每次的进步给予表扬和奖励；

（3）每月举办一次各种形式的集体活动，增加团队的凝聚力。

（资料出处：https://wenku.baidu.com/view/37e8d37e443610661ed9ad51f01dc281e43a564b.html）

思考题

（1）华为什么要制订新员工培训计划？有什么作用？

（2）你如何评价华为的新员工培训计划？有何启示？

延伸阅读

亚马逊的员工培训计划

亚马逊作为一家电子商务公司，在美国业界的口碑一直都是好坏参半。在美国著名的企业点评网站Glassdoor中，网友们给亚马逊的打分只有3.8分（满分是5分），但是，这并不妨碍我们来了解亚马逊是如何进行员工培训的。

亚马逊从未将员工视为一名普通“员工”，而是将其视为一个成长中的“人才”。它的创始人兼CEO J·贝佐斯（J. Bezos）总是把员工培训看作发展员工个性和能力的一种方式，他屡次强调培训是要将员工的个性和亚马逊团队的“群性”平等对待的。在亚马逊的那些灵活的小团队里，不同性格、不同教育背景、不同人生阅历的人在一起为了同一个目标而努力和奋斗，他们呈现出不同的工作态度和工作能力，并凝聚成团队的力量。对亚马逊来说，成功是团队的成功，它来自每一个员工的努力，团队的成绩大小直接取决于每一位员工的综合素质的高低。因此，贝佐斯在培训员工的时候就坚持要把培养员工的个人能力放在首位。

对于培养人才，贝佐斯认为时时要明确的一点是，无论以什么样的培训，亚马逊给每一个员工的不只是技能上的培养，更多的是一种文化和精神上的融入，是一种能力和思想，特定的技术或是操作程序不过只是外在的东西，员工要深入了解的还有亚马逊的整体理念，从而在其中发挥自己的能力和个性。

贝佐斯曾经提到自己的员工培训计划，就是要用培训来提升员工的幸福感，这种提议让很多人难以置信，贝佐斯却很是欣赏自己的这项提议。当今社会竞争如此激烈，很多人在工作中体会不到幸福感，自然也就不愿意投入更多的热情到自己的工作中去，为此贝佐斯提出了自己的幸福培训计划，目的就是提升员工的幸福感。对于如此不可思议的计划，贝佐斯给出的解释是，丰厚的薪水、轻松的工作量、无穷的假期都不代表员工的幸福，从以往的一些调查数据来看，在美国员工的幸福感来自一流的员工激励机制、充足的福利和完善的职业发展计划，还有工作和生活的绝妙平衡。于是，贝佐斯开始用心去提高这方面的水平，通过幸福培训来让员工感受到幸福，重拾工作的热情。

培训计划启动之后，亚马逊在长达 4 年的时间内预先支付的培训课程与书籍费用就占去了全部培训费用的 95%。亚马逊推出的这项培训计划包括护士、飞机维修或电脑辅助设计等市场需求热门的职业技能。此外，亚马逊还表示公司已经和美国劳工统计局合作，着重挖掘社会上最需要的且薪金最高的工作，让员工融入这些行业的培训中去。该项计划一出台，就有很多人指出，亚马逊是不是在为自己的裁员计划做准备?贝佐斯否认了这种说法，他指出此次培训的目的主要是让员工保持幸福感。亚马逊负责全球客户业务的副总裁 D • 克拉克（D. Clark）说：“长期、投入和热情的员工是亚马逊完成人们所期待的高水准客服工作的关键。”同时，他也表示：“如果人们在自己的职业生涯中有其他的选择，我们只希望他们实现这个目标，从长期来看，这对大家都好。”无疑，这项培训不仅是为了员工个人的幸福着想，更多的还是对亚马逊信誉提升的一种周全考虑。

亚马逊能够始终在激烈的竞争中稳坐第一把交椅，员工培训的理念和员工综合素质的提高功不可没。贝佐斯不是简单地向自己的员工传授个人经验，而是设法提高整个团队的学习能力，进而在这个基础上提高每个员工的综合素质，把团队建设成学习型的团队，亚马逊也因此迎来事业上的一个个辉煌。

（资料来源：http://www.hrsee.com/?id=652）

思考题

（1）亚马逊员工培训计划有什么特点？

（2）亚马逊员工培训计划的启示是什么？

4

培训的实施与管理

学习目标

（1）掌握培训师的选拔与管理方法；
（2）掌握培训方法与技术的选择；
（3）学会控制培训实施过程。

引例

腾讯新员工培训

腾讯学院成立于 2007 年，负责新员工的培训业务。目前学院总部加上各地事业群以及外包团队共有员工 100 多人，他们支撑着整个腾讯公司在全国范围内两万多人的培训工作。腾讯的新员工培训包括两个部分：针对大学毕业生的十天的封闭集中培训和针对社会招聘的有经验员工的两天半集中培训。腾讯的培训体系主要表现出三个特点：系统性、创意性和因需而变。系统性体现在，公司级、BG（事业群）级、部门级三级多个部门共同合作来完善培训；创意性体现为设立达人访谈、新人实验站等特色项目；因需而变则体现在很多线上线下移动化的学习方式的加入，包括移动学习 APP、新产品实验站等，以满足新员工的不同需求。

腾讯对于新员工的培训总结起来有以下三点：一是培训目的。通过培训，新员工能够很好地了解公司的新文化；更好地了解行业的情况及提升能力；促进公司各个事业群之间的沟通和交流，相互建立联系。二是培训面临的挑战。第一个挑战是培训的及时性问题，如果一位新人加入公司一个月后再进行培训，培训就会失去意义，所以保证在新人刚进入公司的时候及时做培训，这是很重要的；第二个挑战是在业务繁忙的情况下，新员工或其上级不重视，参加培训的积极性不高。怎样提高培训参与率，同时达到一定的培训效果是值得思考的问题。三是培训方式方法。首先培训要有针对性，要在了解新员工的需求和他们面临的问题的基础上开展培训。例如，刚毕业的新人通常学历高，思维活跃，学习能力强，但是心态浮躁，培训内容中要有职场心态引导的相关内容；其次，培训方式要多样化，对年轻员工，不以说教为主，而以体验为主，比如产品体验、达人访谈、客服听音、以往毕业生优秀代表现身说法、领导与新员工面对面等多形式、多层次的混合式实践，可以提升培训效果。

培训计划在实施阶段必然会涉及许多方面，其中包括培训师的选择、培训时间和场地的安排、培训方法的选择等。培训项目的实施是把培训计划付诸实践的过程，它是达到预期培训目标的基本途径。

4.1 培训师的选拔与管理

培训师的水平关系到培训的效果，选择合适的培训师尤为重要。本节通过介绍合格的培训师所应具备的基本素质、技能，以及如何通过内外部渠道选择、培养以及管理培训师，以便企业建立一套系统的培训师选拔与管理制度。

1. 培训师的基本要求

1）培训师应具备的基本素质

近年来，随着国内企业对员工培训的不断重视，培训师已经成为一个热门的职业。想要成为一名合格的培训师，应该具备以下基本素质：

（1）良好的思想道德品质。培训师在培训时的一言一行都对学员有一定的影响力，培训师怎么对待学员，传达什么样的观点和立场都取决于他的道德标准，这就要求培训师需具有过硬的思想道德品质，能够遵守职业道德规范，正直善良，导向正确，引领规范，勤奋工作，乐于奉献。

（2）强健的体魄。培训师完成一个培训项目需要消耗大量的体力和精力。俗话说“台上一分钟，台下十年功”，培训师在课前要花大量心力精心准备讲课内容，有的培训项目时间非常长，可能培训师需要上整整一天课。这就需要培训师具备良好的身体素质以完成高强度的工作。

（3）丰富的理论研究与实战经验。培训师应该具有大专及以上的学历学位，具有一定的理论素养，熟悉相关领域的理论知识和最新发展，不断地学习和研究专业问题；同时培训师必须具备足够的实践经验，能够全方位融合理论知识与管理实践，能够真正帮助组织解决实际问题。

（4）自信、积极的心理素养。培训师上课过程中不可避免会遇到不认真听课的学员，以及遭遇学员的品头论足，这就要求培训师能够自我调节，充分相信自己，积极应对各种突发状况，把自己的思想观点、能量传递给学员，赢得学员的尊重和信任。

2）培训师应具备的能力

一位合格的培训师除了具备良好的心理素养，还需要具有多种能力，如亲和力、沟通能力、影响力、表达能力、激励他人的能力、变通能力、组织能力、控场能力以及学习能力。

（1）亲和力。作为一名培训导师，是否具有亲和力至关重要，具有亲和力的培训师能拉近与学员的距离，增进与学员的沟通，加强与学员之间的关系，从而增强对学员的影响力。

（2）沟通能力。良好的沟通能力是成为一名好的培训师的基本要求。在培训项目开展过程中，培训师要与各部门以及学员进行充分沟通，了解他们的培训需求，从而在培训中把握关键，提高培训效果。

（3）影响力。培训师的职能就是通过传达知识、技能、思想观点、态度等影响学员，改变他们原有的工作态度和行为。培训师是学员的引路人和思想开拓者，学员能否接受培训师讲授的观点，取决于培训师的影响力。

（4）表达能力。培训师的表达能力在培训中也是至关重要的。培训师应熟练掌握语言表达方面的技巧，在讲授课程的时候要条理清晰、内容充分，要声音轻柔、自然，分析案例时，要有理有据，具有说服力，举例子或者互动游戏时语言要生动活泼、风趣幽默。

（5）激励他人的能力。培训的一个目的是通过课程帮助学员获得内在动力，使其发掘自己的潜能，克服自身与外界各种阻力，排除障碍和限制，突破心理的恐惧感，为实现自己的目标而努力。一个成功的培训师必须具有激励他人的能力，善于教育和支持他人，鼓励那些犹豫不决和害怕失败的人勇于承担风险，努力向前。

（6）变通能力。讲师应该具备变通能力。在培训中，人员、任务或环境发生变化是常有的事情，因此培训师要具备应变能力，排除万难，保证培训继续进行下去，并获得预期的效果。

（7）组织能力。培训工作通常包含了大量烦琐的工作，例如考虑上课时间、地点、用具，选择和设计课程内容与方法，搜集企业和学员的培训需求等，能否对整个培训进行有序的计划和安排则考验着培训师的组织能力。

（8）控场能力。培训师在培训时要善于调动现场的气氛并与学员实现良好的互动。培训师可以通过适当的提问和引导，来引发学员的思考和关注，从而使学员积极地参与培训。培训师要善于运用各种技巧，结合自己的实际工作经历，给予学员满意的答复，使学员学有所获。

（9）学习能力。培训师自身的水平和能力决定着培训课程的质量。培训师要学会给自己充电，通过学习提高理论水平和实践能力，在课堂上给学员提供更多外部信息，开拓学员的视野。

2. 培训师的管理

1）外部培训师的选择与管理

培训师是企业培训计划的落实者，也是培训活动成功与否的决定性因素，因此在选择外部讲师的过程中要非常慎重。

（1）了解外部培训师。通常，了解外部培训师有以下几种途径：第一，去高校旁听。高校中蕴藏着丰富的人才资源，往往一些一流的培训师是在高校课堂或学术研讨会中被发现的。第二，熟人介绍。熟人介绍的培训师相对来说较为可靠，最好能找机会到现场观察培训师授课，了解其授课风格并与其沟通培训情况。第三，通过网络或者借助媒体联系和招聘培训师。第四，参加各种培训班，关注相关课程，发现合适的培训师。第五，专业协会介绍，专业协会往往更具公信力。第六，与培训公司保持联系，获取更多的培训师信息。

（2）甄选外部培训师。在甄选外部培训师的过程中要注意以下几个方面的问题：一是重点关注企业实际培训需求，选择适合的培训师，不一定要选择大牌名师；二是要充分进行调查研究，尽可能多地从培训市场了解培训师的各种信息，包括受聘企业清单、课程清单、授课光盘、相关行业课程评价；三是不要在培训价格上过于斤斤计较，过分压低培训价格可能会导致课程品质及服务下降；四是最好不要选择没有专注在某几门课程的超级讲师或提供全面中介式服务的咨询公司。

（3）管理外部培训师。为充分发挥外部培训师的作用，需依据整合资源、规范运作、成本控制的原则，对外部培训师进行规范管理。第一，根据企业培训需求寻找外部讲师；第二，培训部门根据讲师的资历、教育背景、相关培训经历及授课水平对讲师进行筛选，确定讲师；第三，培训部门向人力资源部提出外聘讲师申请，人力资源部门根据费用审批的权限进行审批；第四，培训部门在经过上级批准后，与外聘培训师商定培训协议的内容，交人力资源部签订并存档；第五，组织培训，培训部门与外聘讲师密切配合，协助讲师做好人员接待、场地布置、资料准备、学员组织等工作。

2）内部培训师的选拔与管理

内部培训师是指公司内部除负责本职工作外，还兼职承担课程开发、培训教学、效果评估等任务的人员。内部培训师具有很多外部培训师所不具备的优点和长处，因而越来越受到企业的重视。第一，内部培训师的培训课程往往具有较强的针对性。一般而言，内部培训师均在企业内部有较长的工作年限和丰富的工作经验，对于企业内部的运作情况和企业外部的经营环境均有较为深入的了解和把握。内部培训师在知识讲授和案例分析的过程中，往往会结合本企业的实际状况，给出有针对性的指导意见和方案，从而帮助学员较快地将相关知识和技能运用到实际工作中去。第二，内部培训师的培训课程往往具有较强的灵活性。由于内部培训师是企业自身的员工，因此企业在培训时间的设置、培训频率的掌握以及培训内容、方式的调整等方面，均具有较强的灵活性，从而保证了培训课程的灵活性，避免了对企业生产经营的影响。第三，内部培训师制度使企业的培训体系具有较强的可持续性。一般来说，外部培训师的培训课程是针对某一问题进行的较为理论性的讲授，不能持续地积累，很难对企业在较长一段时间内产生影响。而内部培训师的培训课程则可以根据员工的意见反馈对课程内容不断地进行修改和深入，从而达到最佳效果。对于某些技术含量较高的高新技术企业而言，内部培训师授课的过程也就是企业知识成果不断积累升华的过程，从长远来看，对于企业知识产权的保护和升级具有很深远的意义。但不可否认的是，内部培训师也可能存在着一定的不足，阻碍了培训效果的实现。与有着丰富培训经验的外部培训师相比，一般来说，内部培训师在培训技巧的把握和培训风格的构建上会有一定的差距。更重要的是，内部培训师只着力于本专业的实践与研究，不可能对其他专业的前沿知识有更深入的研究与把握。尽管如此，这些问题还是可以通过对内部培训师有效的选拔和有针对性的培训来规避的。因此，在企业培训体系的建设过程中，人力资源管理者绝不能“因噎废食”，忽视对内部培训师队伍的建设，而是需要通过加强对内部培训师的选拔、培训、考核与激励，使该项制度切实落在实处。

（1）内部培训师的选拔。内部培训师的选拔主要包括五个步骤：第一，进行工作动员，大多数内部培训师是兼职的，这就需要争取其所在部门的支持和本人的同意；第二，招募内部培训师，公布内部培训师的任职资格条件，各个部门上报培训师候选人名单，培训部门对候选人进行筛选，确定内部培训师人选；第三，培训部门负责对培训师队伍进行培训技能等方面的培训；第四，对内部培训师进行资格认定；第五，人力资源部将培训师资格证书归档。

（2）内部培训师的管理。优秀的培训师在培训中应扮演好教师、演员、教练和咨询顾问四个角色，一个合格的培训师需要深厚和渊博的知识，具有激励他人、建立联系、善于诊断问题并找出解决方法的能力。为了提高内部培训师队伍的工作绩效、充分挖掘企业内部智力资源，企业需要对师资队伍进行管理、激励和更新。

在内部培训师的选拔方面，企业要建立内部选拔队伍，明确内部讲师的选拔范围，制定选拔标准和选拔流程，规范内部培训师的选拔。

在内部培训师的能力提升方面，企业要定期对培训师进行培训，促进培训师的培训技能不断提高。对培训师进行培训时，比较重要的是提高培训师课程开发能力和课程计划实施能力。

在内部培训师的激励方面，企业要通过各种方式，例如颁发资格证书、提高薪酬、增加福利、提升职位晋升空间、以及提供更多的培训机会对培训师进行激励。

除此以外，企业还要加强对内部培训师的考核与评估。企业要明确内部培训师的岗位职责，在此基础上对内部培训师进行考核与评估，做到充分量化、客观公正，将评估分数与内部培训师的绩效考核、职位晋升挂钩，以此来督促内部培训师做好培训工作。

4.2 培训方法和技术的选择

所谓培训方法是指培训师在培训过程中，根据企业和员工的培训需求，对培训对象的知识进行扩展或深化，为提高其能力和素质所采取的具体方法。培训师可以借助的培训方法有很多，不仅有常用的传统培训方法，如讲授法、视听法、案例分析法、角色扮演法等，随着科学技术的不断发展，还有现代新兴的培训方法，如多媒体培训、计算机辅助培训、远程网络培训等。不同的培训方法有不同的特点，本节将介绍各种培训方法及在培训时如何进行选择。

1. 培训的主要方法

1）讲授法

讲授法是最传统和最广泛使用的培训方法，即企业集合需要培训的员工，培训师按照准备好的资料系统地向员工传授培训内容的方法。此法适用于对企业文化、工作技能的分享，多用于新员工的培训。它的优点在于：一是传授内容多，知识比较系统、全面，有利于人数较多的人员培训；二是对硬件设施的要求较低，互动性强，可以及时跟培训师进行交流沟通；三是经济高效，员工平均培训费用较低。它的缺点在于：培训师的水平直接影响培训的效果；培训内容多，时间短，员工难以完全接受；缺乏可扩展性，并且当培训规模太大而无法进行一对一的互动时，可能会变得复杂；如果培训时间过长，员工会感觉比较枯燥，学习的积极性会降低。

2）视听法

视听法就是利用现代视听技术，例如投影仪、录像、电视、电影、计算机等工具对员工进行培训。视听法是一种多感官参与的培训法，多用于对新员工的培训。视听法要求培训师按照培训主题选择合适试听材料，并事先准备好适当的教学软件、电脑等培训设备；在试听培训前，培训师应事先说明培训目的，并配合培训内容组织讨论，加深理解；最后培训师应当在讨论之后进行总结。它的优点在于：可以运用视觉、听觉等感知方式，直观鲜明，比讲授更令人印象深刻，给人以真实感，比较容易引起学员的关注和兴趣；试听教材也可以反复使用，从而更好地适应学员的水平。视听法的缺点在于：视听设备和教材的成本较高，容易过时，选择合适的视听教材不太容易；运用视听法教学时，如果不设计互动环节，学员较容易处于被动接受地位，反馈性和实践性较差。所以，视听法最好能与现场讨论相结合，以加深学员的理解。

3）师带徒法

师带徒的培训方法是指让富有工作经验的老员工或者部门的直接主管在工作岗位上，通过面对面的实际操作指导学员获得工作技能。培训师的指导任务就是教学员如何做，提出如何做好的建议，并对学员进行鼓励。师带徒的培训方式可用于基层生产工人的培训，让他们通过观察主管或者老员工的实际操作，掌握实操技能；也可用于储备干部培训，让储备人员跟现任管理人员一起工作，直接学习管理员工的方法，以便晋升后直接接管工作。这种培训方法的优点是：通过一带一，或者一带几的师徒方式进行培训，有利于员工充分掌握技能；可以针对员工的需求进行培训，强化优点、弱化缺点；有利于增强员工之间的和谐性。它的缺点是：有的师傅担忧“带会徒弟，饿死师傅”，传授时有所保留；此外，由于科技的发展与新技术的使用，员工接受的技能培训可能趋于落后甚至无用武之地，这导致有些企业认为师傅带徒弟培训出来的员工技能不具有实用性。

4）自我指导学习

自我指导学习法是指学员不需要按照培训师的指导，而是按自己的进度学习既定的培训内容，即员工自己全权负责的学习方法。培训者不控制或指导学习过程，只负责评价学员的学习情况及解答其所提出的问题。从个人角度讲，学员可以按照自己的节奏制订学习计划，安排学习并得到有关学习绩效的反馈；从公司角度看，自我指导学习仅需要少量培训师，减少了聘请培训师、租用会议室、交通等相关费用，节省了公司成本。自我指导学习使员工可以较为灵活地安排接受培训的时间，对于鼓励员工积极参与学习，是一个十分有效的方法。自我指导学习法的优点表现在：它只需少量的工作人员，减少了与交通、培训教室有关的成本；培训员工能轮流接触培训材料与培训内容，使员工能在多个地方接受培训，自行制订学习进度，接受有关学习效果的反馈。但是，自我指导学习法也存在不足：它要求员工有自我学习的驱动力，员工开发成本相对较高，员工开发时间也比其他的培训方法长。

5）工作轮换法

工作轮换法指的是让员工在一定的时期内转换工作岗位，使其获得不同岗位的工作经验的一种培训。这种方法一般用于培养新进入企业的员工或者培养年轻有实力的未来管理人员。工作轮换法的优点是：企业能通过工作轮换了解培训对象的专长和兴趣爱好，从而更好地开发员工所长，培训未来的管理人员；能丰富培训对象的工作经历，增进他们对各部门管理工作的了解，帮助员工找到适合自身能力的工作岗位。它的缺点是：如果员工在轮换的工作岗位上停留时间太短，会导致所学的知识不深入；此方法鼓励通才化，适合一般直接管理人员的培训，不适用于具有专业职能的管理人员。

6）案例分析法

案例分析法，又称个案研究法，由哈佛大学于 1880 年开发完成，后被哈佛商学院用于培养高级经理和管理精英，又逐渐发展成今天的“案例分析法”。此法开始时只是作为一种教育技法，用于高级经理人及商业政策的相关教育实践，后来被许多公司借鉴，成为用于培养得力员工的一种重要方法。案例分析法是指将实际工作中出现的问题作为案例，交给学员研究分析，培养他们的分析能力、判断能力、解决问题的能力及执行业务的能力的培训方法。通过这种方法对员工进行培训，能明显地增进员工对公司各项业务的了解，培养员工间良好的人际关系，提高员工解决问题的能力，增加公司的凝聚力。这种培训方法的优点是：能够调动学员的学习主动性；锻炼学员分析、决策、判断、评估的能力以及解决问题的能力；培养团队合作意识和协作能力。它的缺点是：案例提供的情景往往不是现实生活中真实的情景，有的甚至与真实情况相差比较远；编制一个好的案例需要具有相关经验和技能的老师投入较多的精力，因此案例往往不能满足需要；案例分析法将注意力放在团队思维上，过分重视过去发生的事情，使培训者的角色受到了限制。

小专栏 4-1

案例分析法的起源

案例法是由美国哈佛大学法学院首创的。1870 年，C·兰德尔（C. Langdell）出任哈佛大学法学院院长时，法律教育正面临巨大的压力：其一是传统的教学法受到全面反对；其二是法律文献急剧增长，这种增长首先是因为法律本身具有发展性，其次是因为美国承认判例为法律的渊源之一。兰德尔认为，“法律条文的意义在几个世纪以来的案例中得以扩展。这种发展大体上可以通过一系列的案例来追寻。”由此揭开了案例分析法的序幕。

7）仿真模拟法

仿真模拟法是指把学员置于模拟现实工作环境的情境中，让他们依据情境及时做出反应，分析实际工作中可能出现的各种问题的一种培训方法。在模拟环境下，学员的决策结果能反映出他在工作岗位上的真实工作情况，可以让学员在一个人造的、没有风险的环境下看清他们所做的决策的影响，常被用来传授生产和加工技能及管理和人际关系技能。

仿真模拟可以分为模拟设备和模拟情景两类。前者是让学员使用模拟设备进行模拟训练，学员不用担心操作失误带来的不良后果；后者主要根据培训需求和实际工作环境，模拟工作情境，让学员在模拟环境中对未来岗位有一个比较全面的理解。

仿真模拟法的优点在于：实践性非常强，学员能够迅速地掌握实际操作技能。同样地，用于管理和人际关系技能训练的仿真模拟也不会真正地造成人际关系的破裂，学员可以放心训练。这种方法的缺陷就是仿真毕竟与现实有差异，有的学员对仿真器材认识不足，总认为不是真实场景，因此操作随意性大，容易导致设备损坏。这种随意的操作一旦运用到真正的设备上，其后果无法预测。另外，模拟的情况与现实情况之间始终有一些差距，模拟的解决方式不一定完全适用于现实；随着内外部环境的变化，模拟设备必须及时更新，开发成本比较高；培训师必须对各项技能非常熟悉，才能使学员通过仿真模拟得到真正的锻炼。

8）管理游戏法

管理游戏法又称商业游戏法，是指两个或多个参与者在遵守一定规则的前提下相互竞争以达到预期目标，或者是众多参与者通过合作来克服某一困难，实现共同目标。管理游戏法原先是企业培训中的一种高级训练方法，这种方式通过让学员一起参与游戏，培养健康的心态与先进的管理思维。管理游戏法的优点是：管理游戏仿照了商业的竞争常态，情景逼真，可以激发学员的学习兴趣；分小组进行游戏的方式，需要学员齐心协力，可以培养学员的领导才能与团队精神，增强团队凝聚力；学员在游戏中会面临各种冲突与矛盾，需要运用相关理论、自己的决策力和判断力去分析解决问题，因而可以锻炼的思维能力、创造能力和解决实际问题的能力。管理游戏法的缺点：游戏的设计及实施可能需要花费较多的经费以及较长时间；对培训师把握游戏的能力有相当高的要求。

小专栏 4-2

管理游戏

管理游戏中最常用的方法有两种，即小溪练习和建筑练习。

1. 小溪练习

小溪练习会给被学员提供滑轮及铁棒、木板、绳索等工具，要求他们把一根粗大的圆木和一块较大的岩石运到小溪另一边。这样的任务单靠个人的力量是无法完成的，必须通过所有学员的协作努力才能完成。通过这项练习，学员可以在客观、真实的情景下，提高领导能力、组织协调能力、合作精神等。

2. 建筑练习

这是一项个人练习，需要两名培训人员参与。这项练习要求学员使用木材建造一个很大的建筑。在练习中，两个“农场工人”A 和 B 会帮助被学员一起来建造。这两个工人就像许多社会心理学实验中的假被试者一样，会按照预先的安排行事。A 表现出被动和懒惰的特征，如果没有明确的指定命令，他就什么事也不干。B 则表现好斗的和鲁莽的特征，采用不现实、不正确的建造方法。A 和 B 以各种方式干扰、批评学员的想法和建造方案。该练习的目的是锻炼个人的领导能力，更重要的是培养稳定的情绪。研究报告表明，几乎没有一个学员能圆满地完成建筑任务，其中许多人变得痛苦和心烦意乱，有些人宁愿自己单独工作而不愿理睬助手，有些人则放弃了这个练习，还有一些人在这种环境下则想尽量努力工作，把任务完成得更好。

9）角色扮演法

角色扮演法是指在学员一个模拟的工作环境中扮演各种角色，演练处理工作事务，从而提高处理问题的能力。这种培训方法较适合于人际关系和礼仪的培训，例如提高电话沟通、销售技术、业务会谈等基本技能的培训。这种培训方法的优点是：学员参与性强，培训中学员与培训师互动、交流比较充分，为了获得较高的评价，有些学员会充分表现自我，施展自己的才华。特定的模拟环境和主题有利于训练基本技能，增强培训效果。亲身体验和观察其他人的扮演，有助于学员发现问题，提高他们的观察能力和解决问题的能力，学习各种交流技能。在角色扮演过程中，角色之间需要进行配合、交流与沟通，可以增加学员之间的感情交流，培养他们的沟通、自我表达、相互认知等社会交往能力。尤其是员工一起接受培训，进行角色扮演，能够培养他们的集体荣誉感和团队精神。角色扮演培训为学员提供了广泛地获取工作经验、生活经验的机会。通过角色扮演，学员可以相互学习，获得实际生活、工作经验，明白自身的不足之处，使各方面能力得到提高。

角色扮演法的缺点是：培训效果的好坏主要取决于培训师的水平，如果培训师没有精湛的设计能力，在设计上可能会出现简单化、表面化等现象，导致学员得不到真正的锻炼和提高，直接影响培训效果；有的学员参与意识不强，表现角色时漫不经心；在进行角色扮演时，大多数情况下有第三者存在，这些人或是同时接受培训的人，或是评价者，或是参观者，角色扮演者和参观者之间会相互影响，这种影响很微妙，但绝不容忽视。

小专栏 4-3

惠普的销售培训

在惠普中国公司，对销售人员的培训有两方面的含义。一方面是长期的解决方案，它就像是一个路径图，告诉销售人员在什么时间应该具备哪些能力、掌握哪些知识。这是一个较长时间的积累过程，可能需要 2~3 年或 3~5 年，最终水到渠成地完成量变到质变的转变。另一方面是指近期的解决方案，在时间紧、任务重的压力下，通过一门培训课或者集训班，进行针对性较强的培训。惠普认为，以下解决方案的两个方面是缺一不可的。

集训班之魂——角色扮演

有些培训之所以没有带来预期的效果——行为的改变，原因之一就是培训中理论甚多，实践太少。为了提高培训效果，惠普专门为集训班编写了一个系列角色扮演脚本。以优秀的销售人员的成功案例为蓝本，编写充满实践性的教案。要求销售人员在每天晚上下课后，分成 4~6 人一组，用当天所学的技巧，真实地演练客户来访，“现学现卖”，从而加速行为的改变。

根据脚本，需要若干人扮演客户或合作伙伴的角色，公司里众多优秀的销售经理就是现成的宝库，他们有非常丰富的客户经验，能把各种场合下、各种性格、各种态度的客户演得活灵活现，让销售人员用所学的知识、技巧和态度来应付、处理和引导客户。因此，惠普把销售经理称为集训班之源。

由于受邀的经理多数就是参加培训的销售人员的直接老板，或上一级经理，他们在扮演角色时不仅可以直接向他们的员工介绍自己的经验，为员工做现场指导，同时还可以观察本部门的员工在集训班的学习表现。

集训班之镜——多面点评

每次角色扮演后，集体班还要花很多时间来做点评。这是一个非常难得的、获取全面反馈的机会。点评是多角度、多方面的。培训师的点评会强调课堂理论，销售经理则专门点评在销售过程中需要积累的经验。对于成人而言，最有效的学习方式之一是从同事身上学习，所以惠普的集训班非常重视来自学员之间的点评。点评在集训班中的作用是为学员提供一个多面镜，让他们清楚地看到自己在销售中的优势与劣势。

10）行为示范法

行为示范法是向学员示范、演示关键行为，然后提供给他们实践这些关键行为的机会。这种培训方法建立在社会学习理论的基础上，强调学习是通过两方面进行的：其一，观察示范者的演示；其二，通过角色扮演等方式强化这些行为。行为示范法不太适合于事实信息的培训，仅适于某一种技能或行为的培训。有研究资料表明，行为示范是传授处理人际关系的技能和计算机技能的最有效的方法之一。行为示范包括四个步骤：第一步是演示正确的行为方式，演示时要说明关键行为背后的原因，最好能播放关键行为的录像带让学员仔细观看；第二步是角色扮演，让学员在一种模拟的场景中进行角色扮演；第三步是正确行为的强化，即用表演或者提建议的方式强化学员的正确行为；第四步是培训的转化，即帮助学员将正确行为应用到工作中，并反馈差距。它的优点是：示范的程序比较具体，可重复进行，能从做中学，见效快，比单纯听课要好得多。缺点是：学员人数不宜太多，需要特殊的环境加以配合，如场地、设备、材料、温度、灯光等；需要耗费较多的时间和经费。

11）行动学习法

行动学习法又称“干中学”，英国管理思想家 R•瑞文斯（R. Revans）于

1940年发明，他在第二次世界大战之后受英国政府的委托，进行管理发展研究，开始对行动学习法进行探索。1965年他离开英国到比利时，为高级管理人员组织培训时，首次把这种方法引入管理学领域。70年代他返回英国，为英国通用电子公司开办了行动学习课程，被广泛关注。因此，瑞文斯也被尊称为“行动学习之父”。

行动学习法就是通过行动来学习，即通过让学员在一个专门以学习为目的的背景环境中，以组织面临的重要问题为载体，通过对实际工作中的问题、任务、项目等进行处理，达到开发人力资源和发展组织能力的目的。行动学习法的本质是通过努力观察人们的实际行动，找出行动的动机和其行动可能产生的结果，从而达到认识自我的目的。行动学习建立在反思与行动相互联系的基础之上，是一个制订计划、实施、总结、反思，进而制订下一步行动计划的循环过程。

行动学习法的优点是：内容丰富，时间灵活；通过互相学习、分享经验和反思碰撞解决问题，最大限度调动学员积极性，增强凝聚力；有效降低企业成本；可对团队成员的表现进行及时反馈和有效跟踪；加强组织学习能力，促进个人和组织的共同发展。它的局限性在于整个项目的设计、实施需要一个优秀和客观的培训师，来引导学员对整个过程进行积极反思和反馈。

12）冒险性学习法

冒险性学习法也称野外培训或户外培训，它是利用结构性的户外活动来开发团队协作能力和领导技能的一种培训方法。冒险性学习所采用的户外活动通常与所要开发的技能有关，例如自我意识、冲突管理能力、问题解决能力等。在冒险性学习法的培训中，整个小组通常需要一起参与户外活动，例如爬山、爬墙、过绳索、信任跳、爬梯子等。这些活动需要耗费一定体力，有的活动还颇具挑战性。在活动结束后，有经验的培训师会组织学员共同探讨参与活动的体会，例如在活动中学习到了哪些东西？这些东西与实际工作的关联在哪里？如何将所学到的知识应用到现实工作中？冒险性学习法的优点是可以让学员对人际交往有更深刻的理解，增强个人领导技能和团队协作能力，进而增强企业内部凝聚力。不足之处则在于对学员的身体素质有相当高的要求，学员在参与活动中可能会面临一些身体和人际关系方面的风险。

2. 新兴的培训方法

1）计算机辅助培训

计算机辅助培训是指将培训材料传输到电脑终端，让学员利用计算机进行互动学习的培训方式。这种培训方法往往需要互动性录像、光驱和其他一些计算机驱动系统，学员通常通过安装在电脑上的特定软件进行学习。计算机辅助培训是最先应用于培训的新技术之一，最普遍的计算机培训项目是通过个人计算机来实现，随着教学软件的发展和网络的日益广泛使用，计算机辅助培训更趋于先进。计算机辅助培训的优点是能使学员在自己选定的时间、空间内学习；能提供直接反馈，为学员提供检验自己学习效果的机会；能自动保存学习记录；能用屏幕显示多种多样的信息，节省成本。它的缺点是：要求学员具有自我约束力；由于是个人单独学习，会造成孤立感；它不是基于直接的个人强化，降低了培训动机；当需要昂贵的硬件时，成本就会变得更高。

2）多媒体远程培训

多媒体远程培训是利用多媒体手段和技术将图像、声音、文字等数据传递到各个教学地点，学员远程接受培训。多媒体远程培训具有跨地域性、沟通多样性、及时同步性、便捷性的特点，适合在地域上较为分散的企业向员工提供关于新产品、公司政策或制度等方面的信息，或进行技能培训以及专家讲座。多媒体远程培训最大优点在于能为公司节约交通费用。通过这种方式可以使处于不同地区的员工都能获得专家的培训。缺点在于限制了培训师和学员之间的互动，培训师无法回答学员的部分问题，因此在学员接受集体远程培训的过程中，可以在现场配备一些指导人员或协调人员来回答问题。

3）互联网培训

互联网培训又称 e-learning、在线培训、网络学院、网络教育和在线学习等，是应用信息技术和互联网技术进行内容传播和快速培训的方法。互联网培训为学员提供了便利的学习条件，尤其是办公地点较为分散的学员和时间不充裕或喜欢自由、自主学习的学员。互联网培训的优点是：①无须将学员从各地召集到一起，大大节省了培训费用。网络技术的革新，使企业只需要购买软件服务，减少了企业的资金投入。②移动互联网的普及，使得网络培训移动化，员工可以随时随地学习，提高了学习效率。③内容形式多样化，特别是用直播的方式进行培训，使培训具有仿真性、超时空性，提高了学员的学习积极性。④培训师与学员之间通过网络进行全方位交流，拉近了双方的心理距离，增加了双方交流的机会；培训师能够通过计算机对学员提问的类型、次数等进行统计分析，掌握学员的学习效果。⑤教学管理自动化。网络教学管理平台具有自动管理和远程互动处理功能，咨询、报名、交费、选课、查询等都可以通过网络完成。

网络培训的缺点包括：①无法直观地进行互动、沟通。与传统的面对面培训相比，网络培训缺少一定的互动性。②存在培训师的资格认证不完善的情况，无法保证所有培训师的能力和水平。

4）虚拟现实培训

虚拟培训是利用虚拟现实技术生成实时的、具有三维信息的环境，培训学员通过运用某些设备和相应的感官刺激进入其中，并根据需要来驾驭该环境以及进行实体操作，从而达到提高技能和学习知识的目的。虚拟现实最大的特点是：学员可以与虚拟环境进行交互，改变了过去除了亲身经历就只能间接了解环境的模式，有效扩展了人类的认知手段和领域。它特别适用于军事人员、飞行器驾驶员、汽车驾驶员、医务工作人员、体育运动员等的培训。学员在虚拟的环境中能够接触、观看并进行操作演练，有一种身临其境的感觉。虚拟培训最大的优点在于它的仿真性、超时空性、自主性和安全性。学员能够自主选择或组合虚拟培训场地或设施，在重复练习中增强训练效果，获得感性认识和实践经验，更重要的是与现实环境相比，在这种虚拟环境中学员面临的风险较小。虚拟现实培训发展的瓶颈在于硬件设备，劣质的设备会影响学员的真实感，甚至有时学员可能会感到恶心、眩晕甚至头痛。

小专栏 4-2

5G 技术助力虚拟现实技术 手术医生培训能级再上台阶

“以往用 VR 看手术直播总觉得有点头晕，现在已经完全身临其境，所有手术细节都一目了然。”在 5G 环境下的一位戴上了 VR 眼镜的学员说，他正在学习著名微创手术专家郑民华的手术。在上海交通大学医学院附属瑞金医院胃肠外科/上海市微创外科临床医学中心第三期微创外科 PLUS 精工坊上，瑞金医院普外科主任郑民华教授在手术室为一名 63 岁的女性患者实施腹腔镜右半结肠癌根治术，众多学员在楼上的教室戴上眼镜，细致观摩手术直播。这是国内首次成功调试并实现 5G 环境下的高清与虚拟现实技术结合的腹腔镜手术直播，也是瑞金医院在国内首次实现 5G+4K/8K+VR 的腹腔镜手术直播。瑞金医院微创外科在 2016 年已成功实现虚拟现实（VR）技术的腹腔镜手术直播，但是受限于网络传输的技术发展，画面清晰度与分辨率、画面传输流畅度都难以达到大规模培训的需要。数月前的两次应用，也受限于技术发展，无法进一步推广应用。

《上海市人民政府关于加快推进本市 5G 网络建设和应用的实施意见》明确建议在应用推广方面推动 5G+4K/8K+AI 应用示范与创新应用，促进 5G、超高清视频与智慧医疗等应用深度融合。郑民华教授团队此次借力中国电信 5G 网络，成功实现 5G+4K/8K+VR 的应用。手术系统的 4K 超高清画面是全高清画面清晰度的 4 倍，更接近人眼视觉的丰富色彩，能够为手术医生提供清晰的大画面大视野，能够满足术中局部放大的需求，让医生实现精细、精准的手术操作；而 8K 的 VR 传输则让学员更加清晰地看到主刀医生的所有操作，有助于加速培养外科医生的成长。瑞金医院院长瞿介明提到，瑞金医院在进一步规划建设虚拟现实云教室、AI 大数据智慧医疗、人脸识别动态追踪、实时导航导医、物联网管理优化诊疗流程等工作，这些都需要借力 5G 技术的发展，实现信息化、智能化的医疗管理与医疗服务能级提升，在建设国家医学中心、长三角一体化发展的过程中，借力

5G技术支持，可实现远距离、多场景、大数据的融合。

3. 选择培训方法的考量因素

要做好培训工作，选择培训方法很重要。目前培训的方法多种多样，各种培训方法的优缺点、适用场景和范围也不同，培训组织者在选择时要考量以下几方面的因素：

1）培训目标

选择培训方法时，要把培训的目的放在第一位。企业培训的目标通常有以下几种：更新员工知识；提高员工各方面的能力，包括沟通能力、决策能力、工作技能等；改变工作态度，塑造员工意识。培训师首先要考虑培训要达到什么目标，产生什么效果，然后选择在现有的条件下最能实现培训目标的培训方法。例如，如果培训的目标是更新知识，那么采用课堂讲授、试听培训的方法可能比较有效；如果培训的目标是培养员工能力，那么角色扮演、案例分析、座谈研讨的方法较有针对性；如果要改变员工的态度，那么可以采用管理游戏、冒险性学习方法。

2）培训内容

培训内容决定培训形式，培训形式为培训内容服务。培训师要根据培训内容有针对性地选择有效的培训方法，全面考虑不同方法的优缺点、使用范围和效果等，遵照方法为内容服务的原则，根据各种培训方法的特性，选择一种培训方法或将几种培训方法组合以提高培训效果。

3）受训员工的需求

在培训中，学员的年龄、性格、资质、能力以及呈现的状态是不一样的。培训师想要取得良好的培训效果，也要学会因材施教。培训师要根据学员的年龄、岗位和层次以及他们的知识和技能水平，从实际出发，选择恰当的培训内容和培训方法，尽可能创造条件，为他们提供个性化的服务，增强培训的针对性和实效性。

4）培训成本

培训成本是选择培训方法时应考虑的重要因素。培训的成本不仅包括培训师、教学工具、设备、管理等支出，还应包括学员因为参加培训而耽误工作的机会成本。企业规模较小，培训预算不足时，难以实施大规模的培训计划，选择系统性和复杂性程度高的培训方法往往不可行；另外，国家对国家机关、国有企业等也有培训经费方面的相关规定，所以在选择方法时要综合考量，采用投入产出性价比较高的方案。

5）培训时间

各种培训方法所需要的时间是不同的，在选择培训方法时，要考虑培训时间的长短，因为有些培训方法效果的发挥是以充足合理的培训时间为基础的。例如讲座法相对时间可控，而管理游戏法、行动学习法有时需要较长时间去完成。

4.3 培训实施前的准备工作

1. 签订培训协议书

培训需要耗费企业的人、财、物和时间，为了保障企业的利益和发展，明确企业和员工之间的权利和义务，在培训之前双方须签订相应的培训协议。

1）员工培训协议书

为了避免企业员工利用了企业的培训资源，不履行相应义务而跳槽，企业资源白白浪费的现象出现，企业与员工签订培训协议书是完全必要的。员工培训协议书可以约定双方的权利、义务，其主要内容包括以下几方面：

（1）培训的期限。协议要规定培训的起止时间，培训的时长按照实际学习的时间计算。

（2）培训费用的支付说明。根据学习内容，培训费用可以由公司完全支付或者由公司、员工双方按一定比例分别支付。在接受培训前，员工需要向企业缴纳一定保证金。

（3）纪律要求。员工在外接受培训时代表的是企业的形象，不可以因个人行为而使公司形象受损。

（4）员工福利待遇。应对员工在培训期间享受的待遇、福利，做出规定和说明，免除员工的后顾之忧。

（5）奖惩规定。培训期间，应根据员工的表现进行考核，奖惩结合。

（6）违约。若员工出现违约行为，应按照事先签订的协议进行相应处理。

（7）免责声明。员工在外学习时，因个人行为造成的损失或因自身的过失或不正当行为而致病、致伤，公司对此不负责任。

2）对外培训协议书

对外培训协议书可以与专业的培训公司签订，也可以直接与培训师个人签订，两者在格式或行文上没有很大区别，就是内容有所不同。协议书一般应包括：教授的课程、讲授的人选、课程大纲和内容、培训时间和地点、培训形式、培训费用及其支付方式、违约责任、其他事项。

2. 培训场所的选择与布置

1）培训场所的选择

在选择培训场所时要考虑以下几方面的因素：

（1）参加培训的人数。参加培训的人数决定了场所的大小。

（2）培训场所的交通是否便利。应尽量选择交通便利、学员方便到达的地点。

（3）教学设施。教学设施，如课桌椅、多媒体、麦克风等是否齐全。

（4）就餐是否方便。选址时应考虑学员就餐方便且有多种选择的地点。

（5）经费预算。选择培训场地时要考虑经费预算。

另外还要注意选择的场所是否会受到干扰，要选择安静的培训场所，给学员创造一个良好的学习环境。

2）培训场所的布置

在布置培训场所时应当考虑学员的人数、培训活动的形式、培训的正式程度以及培训师对课堂的控制程度。常见的培训场地有以下布置形式：

（1）传统式的培训场地。学员排列在一方，培训师在讲台上，类似学校课堂的形式。适用于参加的人数较多（可至上百人），以知识讲授为主的培训。这种培训环境较为封闭，形式正式，缺点是培训师与学员的沟通交流少，对课堂的控制较差（见图 4-1）。

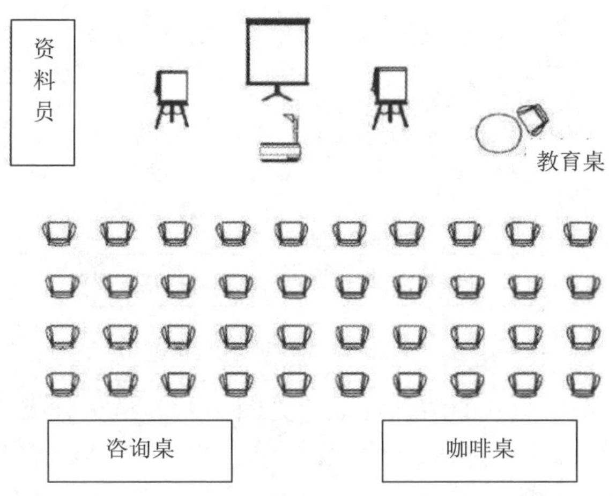

图 4-1　传统式培训场地布置

（2）第二种是 U 型的培训场地。座位排成 U 型，适合人数在 20 人左右的研讨、游戏等。这种座位的安排有利于培训师与学员、学员与学员之间的沟通，是一种比较有利的布置方式。但这种方式占用空间较大，不适用于人数较多的培训（见图 4-2）。

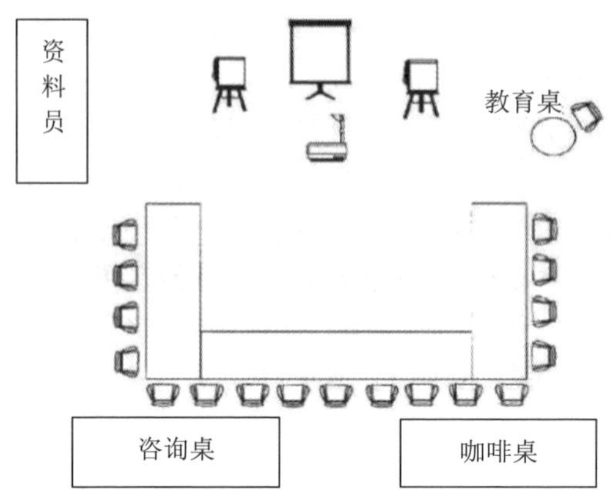

图 4-2　U 型培训场地布置

（3）第三种是圆桌式培训场地座位。20 人左右围绕一张大圆桌就座，或围成一个大圆圈。这种座位安排方式使学员可以彼此观察，适合进行开放式的培训，如游戏培训。但培训师与学员之间的沟通不够，而且学员之间的互相影响比较大，容易分散对培训师的关注（见图 4-3）。

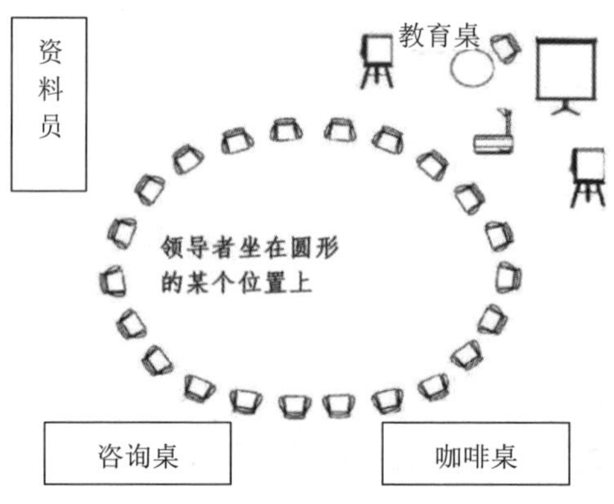

图 4-3　圆桌式培训场地布置

（4）第四种是小组式的培训场地（见图 4-4）。学员分成几个小组，每个小组围绕一张桌子或各自围绕成一个圆圈。这种形式不适合知识传授，一般用于小组讨论，但这种布置方式不利于小组间的沟通，对集中讲解也不利。

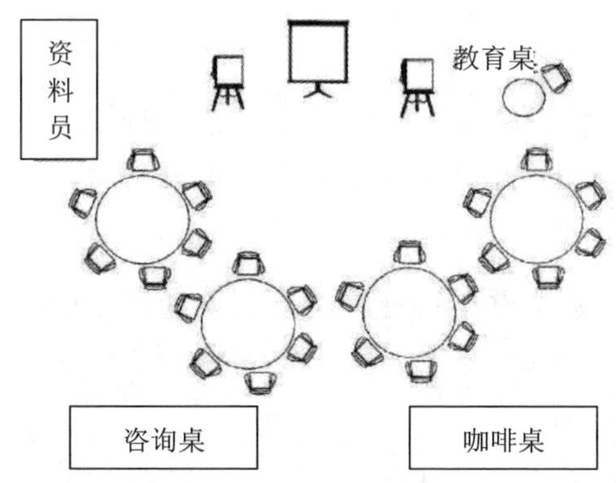

图 4-4　小组式培训场地布置

在布置培训现场时需注意的是：现场的布置要服务于培训目的，而不是单纯要让学员感到“舒服”。学员座位的安排以保证目光自然交流为宜。不要太拥挤，但也不要让学员坐得过于疏远，因为过于疏远可能导致讨论不足。即便学员不一定会写很多字，桌子上也要有足够的空间来放置活页纸、胶棒和其他东西。把所有的设备、资料和辅助工具按顺序排放，以便学员迅速取用。在培训班开始之前，要检查通风、噪声、室温、照明等状况以及是否有外界的干扰。

3. 培训的后勤工作

为保证培训顺利完成，培训组织者要精心安排相应的后勤保障。具体要做好以下几方面的工作：

1）发布培训通知

培训组织者通常通过发送电子邮件、正式公文、备忘录通知相关人员参加培训。一般应提前 10 天左右发出培训通知，在培训开课前 1~2 天内，还需发送一个提示通知。培训通知应包括：培训日期、培训时间安排、培训目的、培训方式、培训内容、培训对象、预期培训效果、培训支持事项和注意事项。

2）准备教学设备及辅助工具

要准备好相关的教学设备，包括：计算机、投影仪、激光笔、教具、黑板和白板、教材、录音设备、摄像设备、麦克风和电池、座位牌等。

3）培训资料的准备

培训资料主要指培训过程中要使用到的、同授课内容相关的资料。文本资料应该做到种类齐全、内容齐全、数量齐全、表达准确。

4）安排技术维护人员

培训时要使用一些教学设备，这些教学设备有时难免也会发生故障，造成培训现场的混乱，因此，要事先安排好技术维护人员。

5）安排茶点和膳食

要安排人员负责准备茶点和膳食。茶点和膳食可以根据培训的进度和经费预算加以安排或调整，如可以有饼干、蛋糕、水果、矿泉水、咖啡、热茶等。

6）安排培训人员住宿

外出培训时一般要将住宿安排在培训和就餐地点附近，根据价格、服务、卫生、安全等具体情况确定住宿地点。如果要两三个人合住一个房间，就需要事先与相关学员进行沟通。

7）熟悉培训现场的周围环境

培训组织者要熟悉培训现场的环境，例如电梯、卫生间、安全通道等。培训前做好指示路牌。此外还需熟悉培训场所周围的环境，并能为参加培训的学员提供相关信息，如停车、饮食、娱乐、购物、休闲等的地点。

4.4 培训实施过程中的管理

1. 培训现场督导管理

为了保证培训实施的效果，应安排专人进行现场督导，督导人员的主要工作包括以下 5 个方面：

1）做好培训主持工作

做好培训开场工作，如介绍培训师、培训议程、培训纪律、饮食安排等，主持中场休息、学员培训发言、结束致辞等。

2）协助培训师进行培训

在培训实施的过程中，督导人员要帮助培训师下发培训材料，准备并调试培训设备，进行人员分组、数据统计等工作。

3）为学员提供服务

在培训的实施过程中，要主动听取学员提出的改进意见，安排好学员的饮食等。

4）处理突发事件

在培训的实施过程中，督导人员要及时处理一些突发事件，如培训师未按时到达培训场地、培训师的言辞激怒学员等。

5）维持培训现场秩序

在培训的实施过程中，督导人员应及时制止学员的不规范行为，如抽烟、大声喧哗等。

2. 培训安全工作

1）室内培训安全管理

在室内进行培训时，要注意安全管理。培训组织方应成立应急小组应对突发情况。例如遇到火灾时能够正确应对，避免出现以下行为：学员慌不择路，拔腿就跑；学员不顾危险，收拾贵重财物；学员不顾浓烟，跑出门口等。

2）室外培训安全管理

在室内进行培训时要特别注意人身安全，采用安全可靠的培训器材。在培训之前对器材进行安全检查，确保无误后，方可交由学员使用。学员在器材上做动作时，应该采取保护措施。活动之前，应由专人进行动作演示和讲解，并指导学员做出正确的动作。培训时要强调纪律，严禁擅自行动。组织者要掌握一些发生意外伤害时的应对措施。

3. 培训中期评估

中期评估是指对培训师的工作情况进行评估，其有助于培训组织者协助培训师控制培训过程，提高培训实施的有效程度。

中期评估的内容包括：培训课程内容、培训活动参与情况、培训进度控制情况、培训各部分效果、培训环境、培训组织状况、学员的学习情况。

中期评估的工具为培训效果评估表，该评估表由学员填写，有助于准确判断培训是否符合学员的需求，判断培训是否切实达到拓展员工知识范围、提高员工技能、改善员工态度的目的。

4. 培训进行过程中的纠偏

在培训实施过程中，存在着很多变数，可能会影响培训活动的顺利进行。例如培训中经常会出现的问题有设备出现故障、后勤工作不到位、培训师出现问题等。在出现意外情况时，要及时处理，保证培训活动不受影响。面对设备问题、后勤问题时一般培训管理者都能应付，但其中如果培训师出现问题，有时会难以处理。例如培训市场上很多人崇拜和追捧的所谓“名师”其实名不副实、徒有虚名；有的培训师的课程设计并不合理，有的培训师的工作态度不端正等。因此，在培训师的选择上，培训组织者要严格把关，在培训前要与培训师进行充分的沟通，使得培训师的培训内容与方式符合学员的需要与实际情况。如果组织方不幸请到不合适的讲师来给学员培训，那么培训组织者要尽量在培训中和讲师进行沟通，要求他按照学员的意见对课程内容做出相应修改，以符合培训实际需要，对于那些不敬业的培训师，可以根据事先签订的培训协议，要求他们认真对待本次培训，如果协商无效，下次就不再邀请。

本章小结

本章主要针对员工培训的实施与管理进行了阐述，梳理讨论了培训师的选拔与管理、培训方法和技术的选择、选择培训方法的考量因素以及如何做好培训实施前的准备工作和过程管理。

复习与思考

（1）选择内部培训师和外部培训师的利弊分别是什么？

（2）如何选拔和管理内部培训师？

（3）企业培训可选择的培训方法有哪些？

（4）培训实施过程中要注意哪些问题？

课后案例

一个失败的内训师培养项目

王海是一家大型汽车服务性公司的 HR 总监，作为老板最得力的一员干将，跟随企业从几个人发展到如今的几百人，属于公司的元老。王海做过销售，干过客服，也做过董事长助理，是一个多面手，可他内心还是最喜欢做 HR。工科出身的他没有专业背景，为了学习人力资源专业知识，参加过人力资源师、企业培训师、面试选拔官等各种类型的学习。可自从一年前公司启动内训师项目后，王海一度怀疑自己是否选错了职业？这事还得从三年前说起，有一天老板给了他一张学习卡，说这是一张 15 万元的学习卡，让其好好安排一下。刚开始安排员工去学习，很多人有抵触情绪，觉得工作本身很忙，还要安排培训，占用个人休息时间。即使做了思想工作，效果仍不佳，连王海自己都没有信心再安排课程了。老板花了 15 万元，原本想提升员工的技能，也算是给员工的福利，可事与愿违，培训没有达到预期效果。于是，第二年，公司又开始请培训师到企业授课，效果大有改善，可培训时间和工作时间总是有冲突，外请的培训师至少按一天或半天收费，哪怕讲一个小时的课也要按照半天收费，讲授的课程虽然比公开课有所改善，可针对性依旧不强。这一年公司花了将近 20 万的培训经费，很大一部分是培训时产生的差旅费和食宿费。内训工作开展了一年，取得了一定的效果，可经费却大大增加，而且还是未能从源头上解决一些工作中的问题。于是，王海结合其他同行的经验，大刀阔斧地开始启动内训师培养项目。他安排了专业的培训师进行了 2 天的培训师培训，然后分配任务，要求每个人每个月至少讲 2 次课程，每次至少 2 个小时。课程结束后，内训师们还是非常准时地把开发的课件提交了上来，可专业性不够，王海本想单独找其沟通，却由于自身工作时间有限，也欠缺专业知识，所以心里没底，只好作罢。第一轮内训师课程开始时，很多员工充满了期待，可内训师们却是茶壶煮饺子——有货倒不出，效果不佳，导致培训满意度一般。如此两个月后，王海听到了诸多内训师的埋怨声：本职工作任务重，没有时间开发课程与授课。事后，王海找了几个骨干人员调查了解，才知道原来没有时间是推托之词，主要是内训师觉得授课并没有让自己产生成就感，每一次上台更多的是备受煎熬，于是也没有多少兴趣去开发课程了。随着年底各项总结、计划工作的开展，坚持了大半年的内训师授课也不了了之了。王海从一开始选择的也是对内训师感兴趣的同事，而自己也尽心尽力，可最后却成为“半拉子”工程，面对这些问题，他思考了很久却没有结果。培训工作成为他职业生涯中的拦路虎，也是“扫把星”，使得自己陷入了泥潭中，难以自拔。

（资料来源：https://wenku.baidu.com/view/5dde748b0342a8956bec0975f46527d3250ca637.html）

思考题

（1）王海的内训师项目为什么会遭遇失败？

（2）如果你是王海，你会怎么开展这个项目？

延伸阅读

IBM 公司“心力交瘁”课程与模拟角色

国际商用机器公司（International Business Machines Corporation，IBM）是一家拥有 40 万名中层干部，520 亿美元资产的大型企业，其年销售额达到 500 多亿美元，利润为 70 多亿美元。它是世界上经营最好、管理最成功的公司之一。在计算机这个发展最迅速、最活跃的行业里，其销量居世界之首，多年来，在《幸福》杂志评选出的美国前 500 家公司中一直名列榜首。

IBM 公司追求卓越，特别是在造就销售人才方面取得了成功的经验。具体地说，IBM公司决不让一名未经培训或者未经全面培训的人到销售第一线去。销售人员们说些什么、做些什么以及怎样说和怎样做，都对公司的形象和信用影响极大。如果准备不足就仓促上阵，会使一个很有潜力的销售人员“夭折”。因此该公司对于销售人才的培训，计划严密，结构合理。培训一结束，学员就可以满怀信心地同用户打交道。不合格的培训会导致销售人员频繁更换，其带来的经济损失远远超过了高质量培训所需要的费用。

这种人员的频繁更换将会使公司的信誉蒙受损失，同时，也会使用户的利益受到损害。近年来，该公司更换的第一线销售人员低于 3%，所以，从公司的角度看，培训工作是成功的。

IBM 公司的销售人员和系统工程师要接受为期 12 个月的初步培训，培训主要采用现场实习和课堂讲授相结合的方法。

学员 75%的时间是在各地分公司中度过的，25%的时间用于在公司的教育中心学习。分公司负责培训工作的中层干部将检查教学大纲，这个大纲包括员工素养、价值观念、信念原则和整个生产过程涉及的基本知识等内容。学员们要利用一定时间与市场营销人员一起拜访用户，从实际工作中得到体会。

此外，IBM公司还经常让新学员在分公司的会议上，在经验丰富的市场营销人员面前，进行他们的第一次成果演习。学员有时会受到尖锐地批评，但他们却因此增强了信心，并赢得同事们的尊敬。

该公司从来不会派一名不合格的销售代表会见用户，也不会送不合格的学员去接受培训，因为这不符合他们的理念。

销售培训的第一期课程包括许多与 IBM 公司经营方针有关的内容，如销售政策、市场营销实践以及 IBM 公司的产品介绍。第二期课程主要是学习如何销售。在课堂上，该公司的学员了解了公司的后勤系统以及怎样应用这个系统。学员们在学习如何逐渐成为一个合格的销售代表或系统工程师的过程中，始终坚持理论联系实际的方法。学员们到分公司可以看到他们在课堂上学到的知识的是如何应用的。

现场实习之后，会再进行一段长时间的理论学习，这段课程令人“心力交瘁”：紧张的学习每天从早上 8 点持续到晚上 6 点，而附加的课外作业常常需要学生们熬到半夜。在商界中，人们必须学会合理安排自己的时间，他们必须明白“充分努力意味着什么？”“熬个通宵是否比只学习到晚上 10 点好？”课程开始之前，像在学校那样，要对学员分班，分班考试的成绩体现了他们的知识水平。

经过一段时间的学习之后，考试便增加了主观内容，学员们还要进行销售演习，这是一项具有很高的价值的活动。一个销售人员能力的高低，只能体现在他如何表达自己，商界就是一个自我表现的世界，销售人员必须做好准备去适应这个世界。

有时，学员们会对培训课程的某些方面感到不满，遇到这类情况，公司就会告诉他们："去学校上学，你们每年大约要付15 000美元的学费。所以，应当让我们决定什么是最好的。这就是经济规律，同时，也是你们学习经营的第一件事。"一般情况下，学员们会在艰苦的培训过程中迅速成长，每天长达 14～15小时的紧张学习压得人喘不过气来，然而，却很少有人抱怨，几乎每个人都能完成学业。

IBM公司市场营销培训的一个重要组成部分是销售演习。在公司第一年的全部培训中，没有一天不涉及这个问题，演习要始终保持客观性。

同时，对产品的特点、性能以及可能带来的效益要进行清楚的说明和演习。学员们要学习问和听的技巧，以及如何寻求定位和达到目标等。假若用户认为产品的价钱太高的话，就必须先看看这个产品是不是适合用户，否则单靠合理的价格建议并不能使你得到订单。

该公司进行模拟销售的方法是，学员们在课堂上扮演销售，培训师扮演用户，向学员提出各种问题，以检查他们应对问题的能力。这种演练接近于一种测验，可以对每个学员的优点和缺点进行评判。

另外，还可在一些关键的领域内对学员进行评价，如沟通技巧、介绍与演习的技能、与用户的交流能力以及对一般企业经营知识的了解等。对于学员们扮演的每一个销售角色和每一次产品介绍的演习，培训师们都给出评判。

IBM公司为销售培训发展的，最具有代表性、最复杂的练习之一就是阿姆斯特朗案例练习，它假设了一种由饭店、海洋运输、零售批发、制造业和体育用品等部门组成的，复杂的国际业务联系。

通过这种练习可以对工程师、财务经理、市场营销人员、主要的经营管理人员、总部执行人员等形象进行详尽的分析。阿姆斯特朗案例中的人员由培训师扮演，因而可以创造出一个非常逼真的环境。在这个案例中，学员们需要完成一系列错综复杂的拜访。为解决众多的问题，他们必须接触这个案例中几乎所有的人员，从普通接待人员到董事会成员。通过这个案例，公司可以清楚地了解学员个人的特点、工作态度甚至决策能力。

由于情景非常逼真，每个"演员"的"表演"都十分令人信服，每一位参加者都能像IBM公司所期望的那样认真地对待这次学习机会。这种练习就是模拟向用户介绍发现的问题，并提出该公司的解决方案和争取订货的用户会议。

（资料来源：https://blog.csdn.net/sqlove/article/details/1757716）

思考题

（1）你对 IBM 公司的具体做法有何看法？
（2）IBM 公司组织培训的具体指导方针和依据是什么？有什么现实意义？
（3）IBM 公司对新员工采取了怎样的培训？
（4）假如你是 IBM 的培训部经理，你将怎样去设计一套培训方案？

5

培训成果转化

学习目标

（1）掌握培训成果转化的概念；
（2）了解培训成果转化的影响因素；
（3）掌握促进培训成果转化的方法。

引例

杭州某集团公司员工培训的困惑

11 月的某一天下午，一直阴沉的天转为晴天，杭州某集团公司总部持续两天的年度预算会议终于结束了。人力资源部经理张强显得有点疲惫，但他还是格外高兴，因为在预算会议上，公司高层一致同意明年提高员工培训的预算额度，将此前培训预算费用从工资总额的5%提高到8%，这对于人力资源部的培训工作来说，是一个莫大的支持和肯定。高兴之余，张强又觉得压力很大。虽然公司的培训工作正如火如荼地开展，也获得了其他部门和很多员工的称赞，但他心里明白，人力资源部对于培训给企业带来的价值和对改善员工绩效所起到的实际作用，还缺乏十足的底气。这让他陷入深深的思虑之中，问题究竟出在什么地方？

相信这个困惑在国内很多企业，都是普遍存在的。国内很大一部分企业觉得培训很重要，一直不遗余力地进行员工培训，他们虽然不清楚这些投入究竟能给企业带来什么实际效应，但培训比不培训显然要划算得多。

为什么企业对待培训的态度如此模糊？其原因就在于，人力资源部门一直以来无法将单项或者系列培训课程的投入回报情况准确地呈现给企业高层。很多时候，人力资源部也在怀疑：这门课程究竟会带来什么价值？

究其原因，不难发现，现有培训仅仅聚焦在“培训与学习”本身，把员工培训简单理解为知识、技能的传授，但是如何将培训成果转化，即通过培训提升企业员工整体素质水平，并将这些素质（包括知识、技能、经验、特质等）充分应用在实际工作上，以提升工作绩效，并最终为企业的发展提供保障，同样也是值得探讨的问题。

5.1 培训成果转化概述

学员必须将在培训中所学到的内容有效运用到实际工作中去，才能体现培训的意义，否则组织培训对企业来说就是一种浪费。本章将探讨影响培训成果转化的因素以及如何提高培训成果转化的效率。

1. 培训成果转化的定义

培训成果转化，是指学员将在培训中所学到的知识、技能应用于实际工作中的过程。学习并不等于培训成果转化，只有学员将所学习的内容转化为个人所得，应用到工作场所，转化为个人实际工作绩效，才是培训成果转化。事实上，只有40%的培训内容在培训后的短时间内能够立刻被运用到工作情境中，25%的内容在 6 个月以后还能应用，15%的内容能够维持到每年年末。如果以货币形式来衡量，大约只有 10%的培训投入能够转化为员工日后的工作行为。由此可见，注重培训成果转化非常重要，只有缩短学习与应用之间的差距，促进学习所得向绩效转化，才能提高企业的效益。企业投资培训，最终目的不在于传授知识和技能本身，而是希望员工能够在工作中应用这些知识和技能，并最终推动企业效益的提高。因此，培训成果转化既事关培训的成败，也事关企业的长远发展。

2. 培训成果转化的四个层面

学员接受培训之后，消化培训内容，并将其应用到现实工作之中，就是一个学习转换过程。为了分析影响培训成果转化的因素，可把培训成果转化概括为四个层面：

1）依样画瓢

依样画瓢指的是学员的工作内容和环境条件与培训的情况都完全相同时才能将培训内容转换为行为。从这个意义上讲，培训成果转化的效果取决于实际工作环境与培训环境的相似程度。

2）举一反三

举一反三指的是学员理解了培训效果转化的基本方法，掌握培训目标中最重要的一些特征和原则，同时也明确了这些原则的适用范围。这个层面的转化效果可以通过在培训时示范关键行为并强调基本原则可适用于多种场合来达到。

3）融会贯通

融会贯通指的是即便学员在实际工作中遇到的问题或状况完全不同于培训的情况时，也能回忆起在培训中心所学的内容，从而建立起所学知识与现实应用之间的联系，并恰当地加以应用。

4）自我管理

自我管理指的是学员能积极主动地应用所学到的知识和技能解决实际工作中的问题，而且能自我激励，思考培训内容在实际工作中可能的应用。比如，为自己设置所学知识和技能的应用目标；对所学内容的运用进行自我提醒、自我监督；对培训内容的应用加以强化，以做到创造性地应用所学知识和技能等（见图 5-1）。

3. 培训成果转化的过程

从图 5-1 的培训成果转化模型中可以看出，培训效果转化受到学员特征、培训设计以及工作环境三大元素的直接或间接影响。培训成果转化也是一个反复循环的过程，成果的保存、转化推广，可能会遇到各种阻碍和问题，因此需要实时进行信息反馈，加强学员、培训师以及管理者之间的沟通，解决新问题，扫除障碍，共同促进培训成果转化。

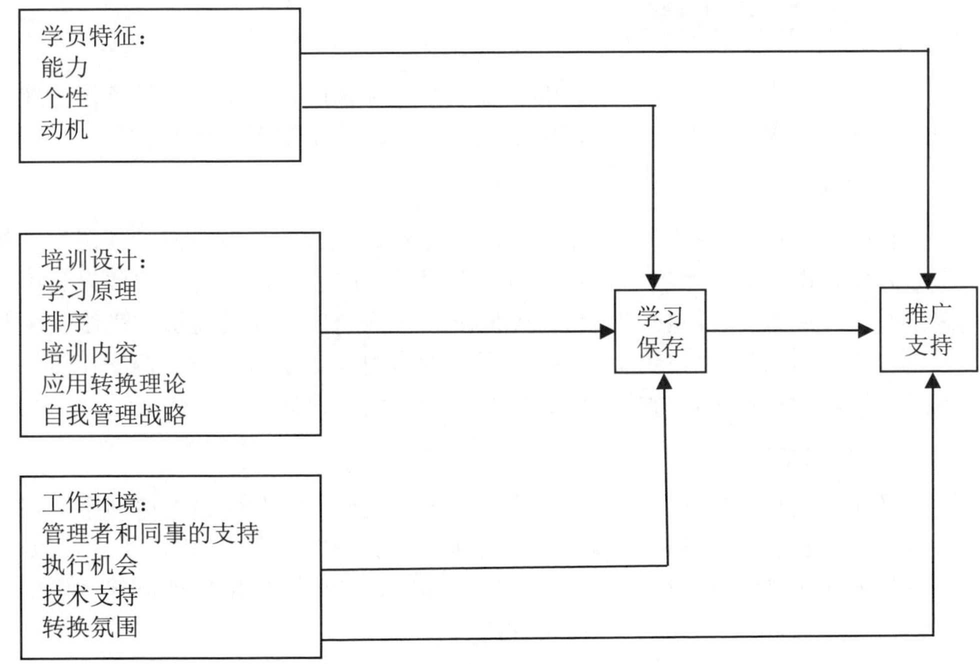

图 5-1　培训成果转化图

4. 培训成果转化的意义

培训成果转化主要有三个方面的意义：

首先，提高培训的有效性。企业对员工进行培训的目的是提高员工的工作能力，为企业创造更多的价值。然而，目前一些企业出现了培训成果转化率低的问题，导致产出增长与培训投入不成比例，甚至出现零增长。如果企业不重视培训成果转化这一过程，培训投入就会成为资源浪费。只有员工将所学应用到工作环境中，提高个人和组织的绩效才能提高培训的有效性。

其次，提高员工的个人绩效。培训项目是根据企业的发展和员工需求而专门定制的，培训成果的转化率高，意味着员工能将培训所学应用到工作实践，改善自己的行为，提高工作效率。

最后，增强企业竞争力。培训成果转化不仅发挥了培训资源的作用，也满足了企业的培训需求，一方面员工通过培训增长了知识，提高了工作技能，培养了良好的工作态度，提高了个人效益，另一方面企业也增强了竞争力。

5.2 影响培训成果转化的因素

1. 学员的个人特征

学员的个人特征对培训的影响不仅发生在培训的过程中，而且还发生在培训成果转化过程中。这些个人特征包括性格特征、转化动机和个人能力。

1）性格特征

根据研究，不同的学员在培训成果转化的程度方面会存在差异，在外部条件都一致的情况下，学员本身的性格特征会直接影响整个培训过程的效果和培训成果的转化。A. S • 金伯利（A. S. Kimberly）等人研究了学员特征和小组氛围及小组领导支持对培训转化的综合影响，指出性格内向的学员无论是否觉察转化环境的支持性，他们都要比性格外向者更倾向于应用培训知识。

2）转化动机

转化动机是指转化培训成果的意愿的强烈程度，它与学员在培训中知识和技能的获得、行为的改变密切相关。学员转化培训成果的意愿强烈，愿意将所学的知识技能运用到实际工作中去，就可以提高工作绩效，实现培训目标。根据动机理论，转化动机受到以下几个因素的影响：

（1）期望。期望理论认为，人们之所以从事某项工作并达成组织目标，是因为这些工作和组织目标会帮助他们达成自己的目标，满足自己的需要。目标价值越高，实现目标的概率越高，所引发的动机就越强烈。由此，通过培训成果转化，员工个人提高工作绩效的可能性越高，学员转化培训成果的意愿就越强烈。

（2）公平对待。员工都会进行比较，如果员工感觉通过参加培训有可能得到公平的报酬和奖励，那么他们学习的主动性将会提高。

（3）目标设置。人们的行为受到目标和志愿的驱动，具体的和高难度的目标能够促进工作绩效的提高。目标设置为员工提供了一个基础动机，让员工知道自己应该朝哪个方向努力，并为员工的行为、注意力和活动指明了方向。

3）个人能力

个人能力对培训成果的转化也有重要影响。学员的个人能力主要指的是学员学习培训内容所需的技能及能力，是学员本身所具有的能力，具体包括：认知能力、阅读能力、写作能力、实践能力等。假设学员的认知能力不足，无法理解培训中所传递的知识、思想和技能，难以保证学习效果，就可能会降低培训成果转化率。反之，较强的个人理解能力、思维能力、动手能力将有助于提高培训效果，提高培训成果转化率。

小专栏 5-1

为什么员工培训后应用效果不佳

某公司前不久专门请了一位知名讲师对公司的中层管理人员进行了为期 2 天的“管理技能培训”。为了做好培训成果的转化，培训结束后，培训经理设计了一系列的“训后转化方案”，包括训后总结会议、训后行动计划、训后案例分享会等。本以为这样的方式能够有效推动训后的知识运用与成果转化，让培训效果“显现”出来，结果却遭遇了各种阻碍，例如大多数参训员工纷纷反映不会运用，不知道怎么去运用，没有办法运用。在培训经理苦口婆心的劝导之下，有些部门的参训员工按要求提交了所谓的“训后知识运用案例”，但都不是真实案例，而是为了完成任务，现编现造的案例。培训经理为此大伤脑筋。那么，为什么员工培训之后不会应用或者应用效果不佳？

2. 工作环境

培训成果能否顺利转化与工作环境密切相关，良好的工作环境主要包括转化氛围、管理者的支持、同事的支持、运用所学能力的机会和技术支持等，这些都对培训成果转化非常重要。

1）转化氛围

转化氛围是指能够促进或者阻碍培训技能或行为应用的工作环境特征，主要包括：企业战略目标和企业文化。企业的战略目标即企业战略经营活动预期取得的主要成果，是企业发展的根本方向。合理的企业战略目标能够促进培训成果的转化，反之，只有人力资源素质提高了，企业生产水平才能提高及战略目标才能实现。同样，积极向上的企业文化也可以促进员工培训成果的转化。良好的组织学习气氛，可以带动学员奋发向上，抓住一切机会提高自身素养并将所学转移到工作中。优秀的企业文化是重要的动力机制，可以引导员工朝着既定的目标前进，产生一种强大的凝聚力量，激励员工转化培训成果，提高工作绩效。

2）管理者的支持

管理者可以为培训活动提供不同程度的支持，管理者对培训的支持度越高，越有助于培训成果转化（见表 5-1）。

表 5-1 管理者支持对培训转化的影响

支持程度		重点内容	
在培训中任教		作为培训指导者参与培训计划的制订，督促最大程度的转化	高转化
目标管理	高支持	与受训者共同制订转化目标，提出待解决的难题，提供各种必要的资源，明确进度要求	↑
强化	↑	与受训者讨论培训成果的应用情况，对成功的应用加以表扬，对失误加以引导	
时间技能	低支持	提供工作中现有的机会让受训者应用新知识新技能	
参与		关心了解培训进展以及受训者的收获	低转化
鼓励		通过重新安排日程让员工安心参加培训	
接受		承认培训的重要性，同意员工参加培训	

最低水平的支持是承认培训项目的重要性；最高水平的支持是作为培训师在培训项目中任教；管理者还可以为学员提供实践新技能的机会和平台，并鼓励学员将所学应用到工作中，提高个人工作绩效。

3）同事的支持

员工在日常工作中，不可避免地会与同事进行沟通，同事之间的相互支持对培训成果的转化也有相应的影响。学员之间的相互鼓励、学习、交流，有助于培训成果的转化。

4）运用所学能力的机会

运用所学能力的机会是指企业向学员提供机会或者学员主动寻找机会，实践培训中学习到的新知识、新技能和行为方式。学员运用所学的机会会受到工作环境的影响。如果企业能积极为学员提供实践所学的机会，且学员能够积极去利用这些机会，那么培训成果转化成功的几率就会大大提高。

小专栏 5-2

茑屋书店的发展

茑屋书店是日本规模最大的图书、唱片、电影 DVD 租赁连锁店，在全世界的书店行业都在下滑的背景下，茑屋书店却成为了一个新的文化领航者。在日本一半的人都是茑屋书店的会员。茑屋书店采用的是阿米巴经营模式。他的创始人增田宗昭先生认为，年轻人需要快速成长，新员工就职后将被快速提拔，6~7 名新员工将独立负责一个项目。因此，员工的能力需要一步步成长，不断挑战新工作。员工获得了新知识和新技能并不意味着他们完成了培训成果的转化，培训成果转化的关键还在于员工是否有实践的机会。这里所说的机会包括实践培训内容的程度、频率、难度和重要性。试想在这样一家企业，培训转化率能不高吗？

5）技术支持

技术支持包括各项培训成果转化所需的资源和设备，这是提高培训成果转化率的保障。只有得到相关的资源和设备支持，员工的新技能才能得到运用。

3. 培训设计

培训项目的设计对培训成果转化至关重要，其中重要的是培训方案的设计以及培训师的选择。培训方案的设计包括培训目标、培训教材、培训方式、培训时间、培训地点等的选择和制订。培训内容应当与学员的工作密切相关，这样学员的学习动机才会增强，转化应用率也会相应提高。另外，在培训师的选择方面，培训师的授课风格、授课方式、培训经验以及技能会影响学员的学习效果，进而影响培训成果的转化。

5.3 促进培训成果转化的方案

1. 制订适合企业员工的培训方案

不同的企业有不同的培训需求和培训目标，制定一个适合本企业需求的培训方案对人力资源投入是否有产出、是否有效益极为关键。培训方案的制订可以从方案本身的设计和培训师的选择等方面着手。

1）培训方案的设计

培训方案的内容包括：培训目标、培训教材、培训对象、培训方式、培训时间、培训地点和设备等。企业在设计培训方案时必须先进行培训需求调查，对组织、员工的需求进行分析，设定合理的培训目标，选择适用于学员的培训教材，并针对培训的内容以及学员的特点选择合理的培训方式。在设计培训方案时，还要注意让学员了解培训内容与实际工作之间的关系，激发学员的学习动机。培训不仅要教授学员知识、技能，还要教授学员们如何将所学应用到实际工作中，帮助学员转化培训成果。

2）培训师的选择

培训师的选择与培训效果密切相关，也影响培训成果转化的效果。好的培训师具有专业的培训技能和丰富的培训经验，授课的风格活泼，注重沟通与反馈，能够与学员形成良好的互动，学员们在接受培训后受益良多，更有利于将所学运用到现实工作中去。

2. 激发学员的转化动机

学员个人的转化动机是培训成果转化的助推器，它与激励机制密切相关。马斯洛需求理论认为人的需求分为很多种，包括生理需求、安全需求、社交需求、自尊的需求和自我实现的需求。一个人的行为动机和积极性受到个人需求的影响，如果一个人的主要需求能得到满足，那么他的行为动机和积极性就会被激发。员工需求是多种多样的，有的为了养家糊口，有的为了有一份体面的工作，有的为了被人尊重，有的希望能实现自己的价值。管理者应该注意员工的不同需求，帮助他们建立自己的发展目标，并提供相应的培训，帮助他们实现自己的目标。所以，想要提高培训成果转化率，就要激发学员的转化动机。根据学员的需求与期望，给他们提供有价值的培训内容，激发他们的学习热情和转化培训成果的动力。

3. 营造良好转化氛围

学员所处的工作环境，包括管理者的支持、同事的支持、在工作中应用新技能的机会、各种培训资源和配套制度的支持等，这些都会成为影响培训成果转化的重要因素。

1）管理者的支持

企业培训很大程度上要依靠管理者来推动，企业最高主管的想法和行动常常对培训及其成果的转化具有决定性作用。例如成果的转化能否得到资源和配套制度的支持，能否得到各级管理者以及公司同事的支持、能否有应用的机会等。管理者在培训成果转化中可以起到很大的作用。他可以动员员工加入公司的培训计划；参与培训目标的制订，提供各种培训的资源；在工作中提供机会让受训员工应用新知识、新技能；及时了解培训进展，最重要的是作为培训指导者乃至讲师参与培训，督促成果转化。

管理者还可以倡导建立学习型组织。学习型组织是一种通过持续有效的学习获得生存与发展机会的组织形态，其主要特征如表 5-2 所示。在学习型组织里，知识和技能的获得是每个员工的基本素质，团队学习气氛浓厚，积极合作。学习型组织还重视员工个人的发展，重视革新和竞争，鼓励组织的每个人都要有学习的意识，要有共享知识与创新的理念，并积极投身到扩展技能和提高组织效率的行为中去。学习型组织的建立，为培训成果转化提供了良好的氛围。

表 5-2　学习型组织的主要特征

特征	主要内容
持续学习	员工们学习意愿强，把学习视为是一种投资而非消费，乐于共享学习成果，把工作视为知识应用和创造的基础
创造与共享知识	具有整体目标和创造、分享知识的系统，鼓励员工用新的方式思考问题
系统化的思维方式	采用“提出假设—寻找联系—反馈结果—验证假设”的系统化的思维方式
鼓励学习	管理者目标明确，奖励、促进和支持学习
灵活性、实践性、开放性	员工敢于接受新理念、不断革新、开创新思路、尝试新过程、开发新产品和服务

2）同事对培训效果转化的支持

同事的支持主要指参加过培训的同事的支持。受训员工的上级主管应鼓励参加过培训的员工建立联系，及时分享在工作中应用培训所学技能的成功经验，并探讨在培训成果转化中遇到的各种问题。管理者也应积极鼓励学员成立学习小组，学习小组有助于学员互相帮助、相互激励和相互监督。理想的状态是同一部门、同一工作组的人员参加同一培训后成立小组，并和培训师保持联系，培训师为小组准备相关的复习资料，定期复习，这样就能改变整个部门或小组的行为模式。

3）在工作中运用新技能的机会

在工作中是否有运用新技能的机会，这与上级管理者支持与否关系极大。为了提高培训成果转化率，学员的上级主管应及时给他们提供应用所学知识、技能的机会，如上级可以有意识地分配给学员需要应用新技能的工作，给学员提供实践机会，多关心学员的学习、工作和生活情况。管理者与学员之间平时也可加强交流，多了解培训内容的可应用性。若发现学员经过培训，可将所学技能应用于工作，应积极鼓励；若发现学员平时应用所学技能的机会甚少，应积极提供实践平台；若学员所学技能无用武之地，则说明企业的这种培训是不必要的。

4）各项培训资源与配套制度的支持

各项培训资源与配套制度的支持对于培训成果转化也非常重要。培训资源包括培训经费、培训场地、设施设备、工作人员等。一个好的培训项目若没有这些资源的支持则如同“巧妇难为无米之炊”，无法实现培训目标，更奢谈培训成果的转化。

为调动员工的学习积极性，增强培训效果，必须建立起相应的配套制度，如将培训工作与人力资源管理各环节密切配合，建立健全各项人力资源制度，例如培训制度、激励制度、竞聘上岗制度、绩效考核制度等；员工培训制度要与奖惩制度相结合，例如用激励制度增强学员转化培训成果的动机，用绩效考核机制反馈员工工作绩效。

本章小结

本章主要系统介绍了培训成果转化的主要内容，包括培训成果转化的概念、培训成果转化的过程、关注培训成果转化的意义、影响培训成果转化的因素、促进培训成果转化的方案等。

复习与思考

（1）培训成果转化的概念是什么？

（2）影响培训成果转化的因素有哪些？

（3）有利于培训成果转化的组织氛围特征是什么？

（4）确保培训成果转化的方法有哪些？

课后案例

露西的烦恼

露西是某上市公司的培训总监，过去的一年，是她最辛苦但也最充实的一年。在这一年，她帮助公司搭建了学习地图，通过挖掘内部讲师资源，并通过与外部机构合作，为中基层员工提供了 1 500 天的培训课程。最让她骄傲的是，参加培训的学员满意度超过 95%，不少学员把她当作心中的女神。有了学员的肯定，一切辛苦都值得了。在公司部门会议上，露西期待着获得公司领导和其他部门总监的嘉奖和感谢。谁知道当天她听到的却是让人“心塞”和“郁闷”的反馈。公司总裁说：“听说你去年做了不少培训，好像学员反馈都不错。作为公司最高管理者，我最关心的是，那么多培训投资，如何和公司今年的经营重点结合，并转化为我们看得到的效果。”同时有几位资深的部门总监居然说：“我们不知道下面的人在课堂上学了什么东西，看不出他们有什么改变，也不知道我们应该在他们后面做点什么？”甚至有人说：“学员反应好有什么用？有时候不培训还好，培训都把我的人教歪了，你们这些培训经理拍拍屁股走人了，最后吃亏的还不是我们？”露西心里犯嘀咕：学员满意度不是最好的效果证明吗？公司年度的经营重点你们也没直接告诉我呀，那些行业和指标术语说了我也真听不懂！你们部门总监都那么忙，我没去打搅你们也是为你们考虑呀！做个好人，咋就这么难？

（资料来源：http://www.360doc.com/content/19/0129/09/32585879_811917296.shtml）

思考题

（1）露西的烦恼反映了什么问题呢？

（2）如何解决露西的烦恼呢？

延伸阅读

三友集团推动数智化转型：人工智能与大数据应用培训成效显著

为了加速数字化转型进程，三友集团数字信息部组织了一场以“人工智能与大数据应用”为主题的专题培训。来自集团及股份公司近 80 名相关负责人参加了此次培训，包括总工程师、电气副总和数字化建设人员等。通过线上方式，三友矿山、盐化、精细化工公司的员工也积极参与其中。

此次培训特邀华为公司矿山军团北区总经理及人工智能领域的高级解决方案架构师进行授课，内容涵盖数据治理的重要性与方法论、AI 智能大模型的构建、大数据应用发展以及数字化应用案例等。这些主题均与当前企业在数字化转型过程中所面对的技术融合困难、被动使用现状、难以联动的问题息息相关。授课过程中，专家们对这些难点进行了深入剖析，并提出了切实可行的改进建议，旨在帮助各公司规划高质量的大数据分析项目。

参与培训的人员普遍反映，此次学习极大地拓宽了他们的视野，为面对未来数字化建设工作中的挑战提供了新思路。他们表示将应用所学知识，以创新思维推动公司数智化转型工作，从而满足三友集团对数字化转型和高质量发展的迫切需求。本次培训的重要性不仅在于提升了员工对人工智能和大数据的理解与应用能力，更标志着三友集团在智能工厂和数字化应用场景建设方面迈出了坚实的一步。数字化转型是当今各行业应对市场挑战、提升竞争力的必经之路。三友集团通过此次培训，意在加快各公司数智化建设的进程，将其列为年度工作的重点，确保在构建“智慧三友”的过程中形成合力、狠抓落实。

分析当前的行业趋势，可以看到，AI 技术正在以极高的速度渗透到企业的各个层面。其中，数据治理、智能模型建设以及应用场景的实践是提升企业运营效率和决策支持的关键。特别是在大数据环境下，企业如何从海量信息中提炼出价值，是当前亟需解决的问题。在人工智能领域，大型语言模型和图像生成模型的快速发展使得生成对抗网络、深度学习等技术层出不穷。这些技术的应用已不再局限于研发领域，也开始逐步融入企业的日常运营。三友集团的培训课程中，这些前沿技术被详细介绍，使得学员们不仅理解了 AI 技术的基本运作机制，也对如何将其应用于实际业务场景有了深入的探索。

结合 AI 技术的兴起，AI 绘画、AI 写作等工具逐渐成为许多企业和个人创作者提升创作效率的重要利器。例如，基于深度学习的发展，AI 绘画工具现在能够生成高质量的艺术作品，而 AI 写作助手则能迅速生成各类文本内容。这类工具的普及降低了创作门槛，帮助创作者们节省时间与精力，推动了文化产业的创新与繁荣。社会各界对于 AI 与大数据的推进存在不同看法，既有期待也有担忧。如何平衡技术创新与社会影响，确保技术进步惠及大众，仍然是未来需要共同面对的挑战。在此背景下，三友集团通过培训激励员工，倡导全员创新与学习的文化，显然是顺应时代潮流、推进数字化转型的重要策略。

展望未来，三友集团将继续加大对数字化建设的投入和重视，确保各家公司在数字化转型的过程中不断取得新进展。通过建立良好的工作体系和学习机制，促进信息共享、技术交流，推动各公司相互协作，形成合力。总的来说，三友集团的此次“人工智能与大数据应用”培训活动不仅提升了员工的技术能力，更为公司的未来发展奠定了坚实的基础。数字化转型不仅是一项技术工程，也是一场深刻的管理革命，只有在不断的学习与创新中，企业才能在激烈的市场竞争中立于不败之地。铭记这一点，企业应积极探索如简单 AI 这类新兴工具的应用，以有效推动自媒体和创作领域的进一步发展。

（资料来源：https://m.sohu.com/a/841751502_121798711/）

思考题

（1）三友集团为什么要推动企业数智化转型？

（2）三友集团举办的“人工智能与大数据应用培训”项目为什么会成效显著？

6

培训效果评估

学习目标

（1）掌握培训效果评估的基本概念；
（2）熟悉主要的培训效果评估模型；
（3）掌握培训效果评估的流程。

引例

培训评估因课而异

三星集团有一个“现场管理者”的培训项目。该项目的培训对象是生产线上的班组长。结合实际工作和培训需求，“现场管理者”课程的内容包括：现场管理者角色认知、如何履行工作职责、正确指导下属的方法、班组沟通技巧、班组人际冲突处理、现场工作改善技巧、现场安全作业管理方法和班组会议运营技巧。

对于该培训项目的效果评估，三星集团主要采用二级评估和三级评估的方法，即分别在培训前一周、培训刚结束和培训后三个月对学员进行问卷调查，之后再用量表将上述三个阶段的问卷结果呈现出来。

为便于分析评估结果，三星集团把二级评估和三级评估的结果放在同一张图表上。首先，对培训前一周和培训刚结束的问卷结果进行比较后发现，参加培训的员工在各项管理技能上都有所提升。但是，在“现场管理者角色认知”和“如何履行工作职责”方面，学员的表现在培训前后变化不大。因为这两项技能的提升需要个人的知识积累，并非通过一次培训就可以做到。而在其他方面，如“现场工作改善技巧”“现场安全作业管理方法”和“班组会议运营技巧”，培训前后的差异则较大。

然后，三星集团从三个方面对培训刚结束和培训后三个月的问卷结果进行分析：

第一，学员在“现场管理者角色认知”和“如何履行工作职责”两方面的变化不大（原因如前所述）。

第二，员工在“现场安全作业管理方法”和“班组会议运营技巧”两方面有所提升，因为这两项内容是班组长每天都要做的。

第三，员工对于“班组沟通技巧”和“班组人际冲突处理”两方面的掌握程度比起培训刚结束时有所下降。由于学员的素质、性格和经验等不尽相同，其实际运用效果不如相对简单的“现场安全作业管理方法”和“班组会议运营技巧”。

通过以上的评估分析，三星集团得出这样的结论：“现场管理者”培训项目的课程设计，基本符合班组长的需求。而“班组沟通技巧”和“班组人际冲突处理”则需要进一步进行培训。

培训效果评估是员工培训的最后一步，是对培训目标的验证，也是对项目实施过程的跟踪。本章主要探讨培训效果评估的内涵、作用、模型以及如何实施培训效果评估。

6.1 培训效果评估概述

1. 培训效果评估的概念

培训效果指的企业与员工个人从培训中获得的收益。对于企业来说，收益包括生产力的提高、产品质量的提升、费用的降低、时间的节省、顾客满意度的提高等。培训效果评估指的是在培训项目实施后，收集有关培训项目是否有效的数据、信息，通过适当的方法对数据、信息进行分析，得到评估结果，并予以反馈，为改进下一轮培训提供依据。培训效果评估是培训流程中的最后一个环节，评估的依据就是最初的培训目标以及预期的结果。

2. 培训效果评估的作用

企业培训也是企业发展中的一种投入，必须要考虑收益，确保总收益大于总成本。因此，一个企业若不进行培训效果评估，就很难衡量培训所做出的贡献。培训效果评估的作用在于以下几点：

1）为培训决策提供信息

决策需要高质量和高可信度的信息，而评估是提供可靠信息的最好手段。从评估中获得信息，有助于判断在特定环境和条件下何种方案能起到更大作用，有助于决定时间跨度较长、投入资金较多的培训项目需要继续还是立即终止。

2）促进管理水平提升

培训的各个环节，如培训需求的确定、培训目标的选择、培训计划的拟定、培训资源和时间的控制、培训形式的采纳、培训讲师的确定、培训环境的营造实施得如何？有没有问题？以后开展培训时能吸取什么样的经验教训？这些问题的答案可以通过培训评估来获得。培训效果评估能反馈培训各个环节的问题，并且通过深入研究，汲取经验，促进培训管理水平的提升。

3）改进和优化培训体系

培训效果评估产生的信息，从课程角度可以帮助讲师优化课程，提高讲课的效率；从培训组织角度可以提高培训服务水平，提高学员满意度；从改进和优化教育培训体系角度，可以提高培训工作的整体绩效。

4）使培训管理资源得到更广泛地推广和共享

培训效果评估，可促进有关各方关注与培训活动相关的资料，同时使培训对象更清楚自己目前的水平与培训需求之间的差距，从而增强其未来参加培训的意愿，进而间接推动培训的开展。

小专栏 6-1

某企业学院的评估

某企业学院在立院之初就意识到培训评估在培训过程中起到的重要作用，并借鉴“柯氏四级培训评估模式”（Kirkpatrick Model）搭建起了“反应—知识—行为—效果”层层递进的评估形式。在近 5 年的建设实践中，学院针对各层级的培训项目，进行了形式多样的培训效果评估。通过课程评价、面谈测评、角色扮演、随堂测试、改善创新项目等初步构建的立体培训评估体系，既能使学院根据不同需要开展相应层面的培训效果评估，又能够使评估结果对利益相关人的决策具备基本参考价值。2015 年，结合企业“二次创业”的业务推进，以及学院“上接战略，下接绩效”的发展定位，学院清晰地认识到：现行的培训评估体系更多地是从宏观层面进行评估，原有的“只鳞片爪”的评估对单项课程并没有针对性，很难进行从上到下的系统的评价。从业务中来，到业务中去，培训评估不能单独就培训项目而设计，必须要切实结合业务发展需求，只有实现对原有培训评估体系的优化升级，才能使培训价值更加凸显。

3. 培训效果评估的维度

培训效果评估是否有效，需要从标准相关度、信度、区分度和可行性四个方面进行衡量。好的培训效果评估应该是相关的、可靠的、有区分度的和切实可行的。

1）相关度

标准相关度是指培训效果评估的标准与培训计划中强调的应该学习的能力之间的相关性。成功的培训效果评估收集到的效果应与学员在项目中的实际学习效果尽可能相似。

2）信度

信度是指评估结果的长期稳定度。信度高的培训效果评估是指学员对测试题目的理解和解答在经过一段时间后并没有发生改变。它可以使学员相信相对于培训前，测试分数的提高是由于学习了培训内容，而不是测试特点或测试环境等因素导致的。

3）区分度

区分度是指评估能够对学员取得的成果有适度区分，能够反映他们对知识和技能的掌握程度。

4）可行性

可行性是指收集测量结果的难易程度。很多公司无法做培训效果评估的原因在于收集相关数据是件很费力的事情。

6.2 培训效果评估模型

不少学者对员工培训效果评估模型做了专门的研究，目前主要的模型有 D. L·柯可帕特里克（D. L. Kirkpatrick）的四层模型、C·考夫曼（C. Kaufman）的五层次评估模型、CIRO 模型、CIPP（译估）模型、J. J·菲利普斯（J. J. Philips）的 ROI 过程模型等。

1. 柯可帕特里克的四层模型

柯可帕特里克的四层模型是由国际著名学者、威斯康辛大学教授柯克帕特里克于 1959 年提出的，是世界上应用最广泛的培训效果评估工具，在培训效果评估领域具有难以撼动的地位。此培训效果评估模型分为四个层次，分别是：

1）反应评估

反应层面评估主要评估学员对已发生的培训活动的感觉或印象。这一层面的评估局限在培训的表面效果上，内容主要包括以下几个方面：对培训师表现的评估、对课程内容设计的评估、对采用的培训方法的评估、对培训条件和环境的评估。反应评估通常在培训项目结束时进行，主要通过调查问卷的形式了解学员对于培训项目的效果和针对性的反应。这个层次的评估只反映学员对培训的满意度，而不能反映培训是否达到了预期的目标（见表 6-1）。

表 6-1 某企业培训反应评估问卷

为了解此次培训对您需求的满足程度，我们需要您花费几分钟的时间填写这份问卷，请务必填写您个人的真实难受，这对我们改进培训工作至关重要。谢谢配合！

1. 您对此次培训相关课程的哪些讲解难以理解？（　　）

A. 理论知识　　B. 案例　　C. 故事　　D. 游戏

E. 其他，请说明

2. 您对培训师的哪些表现不满？（　　）

A. 穿着打扮　　B. 讲课语速　　C.语言表达　　D. 逻辑分析

E. 其他，请说明

3. 您对此次培训的场地和资料是否满意？（　　）

A. 是　　B. 否，请说明

4. 您认为培训安排的练习、讨论和活动占用的时间长短情况如何？（　　）

A. 太长　　B. 长　　C. 适当　　D. 短

E. 其他，请说明

5. 您对培训过程中使用的 PPT 展现形式的印象如何？希望得到哪些改进？

（1）印象:____________________

（2）改进:____________________

6. 此次培训中让您最感兴趣的内容是什么？为什么？

（1）内容:____________________

（2）原因:____________________

7. 您认为此次培训对您提高工作效率和解决工作中实际问题提供的帮助在于（　　）

A. 帮助拓展解决难题的思路　　B. 提供解决问题的有效工具和方法

C. 激发自己去了解其他相关的知识　　D. 需要反思自己的能力，取得进步

E. 其他，请说明

8. 您认为今后培训课程应该在哪些方面进行改进？（　　）

A. 提高课堂趣味　　B. 培训师放慢语速，增加逻辑分析环节

C. 增加案例　　D. 增加故事讲解

E. 减少理论知识　　F. 增加讨论、游戏等互动环节

G. 其他，请说明

2）学习评估

学习评估主要用于确定学员在培训结束时，是否在知识、技能、态度等方面得到了提高，实际上就是要回答一个问题："参加者学到东西了吗?"，这一阶段的评估通过比较学员参加培训前和培训结束后知识技能测试的结果，同时对培训设计中设定的培训目标进行核对，了解是否他们学习到新的东西。对于学习层面，

即知识、态度和技能这三个层面的评估，要采取不同的评估方法。对于知识领域的测评，采用客观题较为合适；对于技能领域的测评主要采用操作测验的形式较为适宜；对于态度领域的测评，则采用表述法、观察法、生理现象法和报告法等。学习评估的结果也可体现出讲师的工作是否有效。但在这一阶段，我们仍无法确定学员是否能将他们学到的知识与技能应用到工作中去。

3）行动评估

这一阶段的评估是为了确定学员通过接受培训在多大程度上改进了行为。其目的是回答："学员在工作中使用了他们所学到的知识、技能吗？改进了工作态度吗?"尽管这一阶段的评估数据较难获得，但意义重大。只有学员真正将所学的东西应用到工作中，达到了培训的目的，才能为开展新的培训打下基础。需要注意的是，因这一阶段的评估只有在学员回到工作后才能实施，一般要求与学员一同工作的人员如督导人员等参加。行为层面的评估主要包括以下几个方面内容：根据学员培训后的工作表现，测评学员是否达到了培训目标中规定的标准和要求；测评培训内容是否为工作所用；测评学员在工作中新的表现或改变在多大程度上是由于参加了培训带来的；测评阻碍培训成果应用的因素。行为层面的评估会涉及与学员相关的人员，如学员的直属主管、学员的部署、同事和客户等。通常采用问卷调查或访谈、行为观察和自我评估等方法（见表 6-2）。

表 6-2　行为评估工具

学员填写的内容			
姓名		部门	
培训组织部门		培训时间	
培训内容			
学员所在部门负责人填写的内容			
该学员日常工作中是否运用培训中学到的技能？请举例说明。			
你是怎样督促该学员运用培训所学技能的？			
通过此次培训，该学员的工作绩效有何改进？			
您对培训工作有何建议和意见？			
部门负责人签字		日期	

4）结果评估

结果层面的评估要考查的不是学员的情况，而是培训给组织带来的改变。这种改变可能是经济层面上的，也可能是精神层面上的。组织投资培训的根本目的是提高组织绩效，不能提高组织绩效的培训是无效的培训。结果评估具体包括以下内容。

（1）组织目标的实现程度：一般通过产品的质量、单位产品数量、残次品率、事故率、净利润、成本和投资回报率等进行评估；

（2）外部客户的满意程度：一般通过客户对产品在质量和服务质量的投诉量、产品退赔率、发货/交货准时性等进行评估；

（3）内部员工的满意度：一般通过员工的士气、精神面貌、员工的团队意识、组织环境的和谐程度来衡量。结果层面的评估方法主要包括指标对照法、绩效考核法、问卷法或访问法。结果层面的评估对组织来说是最为重要的评估，但是通常耗费大量时间、人力、财力，执行难度最大。为了取得相关材料，必须取得组织各管理层的理解和合作。

以上培训评估的四个层次，实施难度从易到难，费用从低到高。一般最常用的方法是第一个层次。而最有用的数据是培训对组织的影响。是否进行评估，以及评估到第几个层次，应根据培训的重要性决定。

2. 考夫曼的五层次评估模型

1994 年，考夫曼也提出了五层次评估模型。该模型修正和增补了柯氏评估模型，第一级层次包括了“培训可能性”“反应”，增加了第五级层次——社会效益。这一层次超越了组织的范围，更多地评估培训项目给社会带来的价值，以及对周边环境的影响，如表 6-3 所示：

表 6-3　考夫曼五层次评估模型

层次	标准	评估内容
1	A 培训可能性	人力、物力和财力的有效性、可用性和质量
	B 反应	培训方法、手段和程序的接受情况和应用情况
2	掌握	学员个人和部门掌握能力的情况
3	应用	学员个人和部门应用知识技能的情况
4	组织效益	组织的绩效和报偿情况
5	社会效益	社会和客户的反应、结果和报偿情况

3. CIRO 模型

P·奥尔（P. Warr）、M·伯德（M. Bird）和 N·莱克哈姆（N. Rackham）等人于 1970 年开发出了一套名为 CIRO 的培训效果评估模型。CIRO 由该模型中四项评估活动的首个字母组成，这四项评估活动是：情境评估（Context evaluation），输入评估（Input evaluation），反应评估（Reaction evaluation），输出评估（Output evaluation）。

1）情境评估

情境评估是指获取和使用当前情境的信息来明确培训需求和培训目标。这种评估实际上是进行培训需求分析。在此过程中，需要评估三种目标，即最终目标（员工可以通过培训克服或消除的特别薄弱的地方）、中间目标（最终目标所要求的员工工作行为的改变）和直接目标（为达到中间目标，员工必须获取新知识、技能，改变态度）。情境评估是要收集组织绩效的信息，通过评估这些信息确定培训需求，在此基础上设定三个层次的目标。

2）输入评估

输入评估主要在于确定培训的可能性，其主要任务有两点，第一，收集和汇总可利用的培训资源信息。第二，评估和选择培训资源——分析可利用的培训资源的利弊；与此同时，确定人力资源培训的实施战略与方法。因此，输入评估实际上是收集佐证并利用这些佐证来确定人力资源开发的实施方法。

3）反应评估

反应评估旨在提高培训的有效性，其要抓住两点关键任务，第一，收集和分析学员的反馈信息；第二，改进人力资源培训的运作程序。奥尔、伯德和莱克哈姆指出，如果用客观、系统的方法对上述信息进行收集和利用，那么学员所提出的意见或观点将会对改进人力资源培训的运作程序产生非常大的作用。

4）输出评估

输出评估旨在检验培训的结果，其一，收集和分析同培训结果相关的信息；其二，评价与确定培训的结果。培训结果的评价与确认可以按照层次来进行，也就是说，可以对照培训目标来检验、评定培训结果是否真正有效或有益。对此，奥尔等人特别说明，一个成功的人力资源培训项目总会使学员在知识、技能和态度方面发生变化，而这些变化又将通过他们的行为反映出来，并作用于他们的工作业绩。学员行为及其工作业绩的变化又促使组织消除缺陷，提高绩效。诚然，这些变化及其结果特别属于最终目标范畴的变化及其结果，其评估难度往往非常大，但终究都是可以在培训之中或培训之后进行衡量的。

奥尔、伯德和莱克哈姆还指出，要想使输出评估获得成功，还需在培训项目开始之前对培训的预期目标作出尽可能确切的定义和说明，并针对这些目标，选择或构建好评估的标准。而目标的结果分析与评价，必将有利于改进以后的培训项目。

CIRO 评估模型除了对其每一组成部分的任务、要求做出较详尽的说明外，最重要的是可以向比较先进的系统型培训模式所倡导的评估理念靠拢。相比较于柯氏四级培训评估模式，CIRO 模型不再把评估活动看成整个培训过程的最后一环，而是一个具有“独立、终结”的特点的专门步骤，并将其介入培训过程的其他相关环节。由此，评估的内涵和外延扩大了，其作用不仅体现在培训活动结束之后，而且还可以体现在培训活动的其他相关步骤。CIRO 评估模型最大的缺点就是未能将评估与培训执行这一重要环节专门结合起来，也未能对反应评估和输出评估是否可作用于后续培训项目设计、可有助于本次培训项目改进作出明确的认定和必要的说明。

4. CIPP 评估模型

美国学者 D. L • 斯塔弗尔比姆（D. L. Stufflebeam）于 1967 年提出了 CIPP 模型。CIPP 评估模型由四项评估活动的首个字母组成：情境评估（Context evaluation），输入评估（Input evaluation），过程评估（Process evaluation），成果评估（Product evaluation）。这四种评价为决策的不同方面提供信息，所以，CIPP 模型亦称决策导向型评价模型。

CIPP 评估模型的具体内容如下：

1）情境评估（Context evaluation）

CIPP 模型对情境评估的内容界定为：了解相关环境；诊断特殊问题；分析培训需求；确定培训需求；鉴别培训机会；以及制订培训目标等。其中确定培训需求和设定培训目标是主要任务。

2）输入评估（Input evaluation）

输入评估包含的事项有：收集培训资源信息；评估培训资源；确定如何有效使用现有资源才能达到培训目标；确定项目规划和设计的总体策略是否需要外部资源的协助。

3）过程评估（Process evaluation）

过程评估的目的是为培训项目实施者提供信息反馈，及时地、不断地修正或改进培训项目的执行过程。过程评估主要通过以下方式实现：洞察培训执行过程中导致失败的潜在原因，提出排除潜在失败原因的方案；分析培训执行过程中导致失败的不利因素，提出克服不利因素的方法；分析并说明培训执行过程中实际发生的事情和状况，分析并判断它们与目标之间的距离；坚持在培训执行过程中提供有关的既定决策和新的决策等。诚然，同其他阶段的评估一样，过程评估也需要建立在大量的相关信息基础之上。收集这些信息、数据既可以使用正规的方法，也可以使用非正规的方法，包括意见反馈表、等级打分表以及对现存记录的分析等。

4）**成果评估**（Product evaluation）

成果评估的主要任务是对培训活动所达到的目标进行衡量和解释。特别需要指出的是，成果评估并不限于培训结束以后，它既可以在培训以后进行，也可以在培训之中进行。

5. 菲利普斯的 ROI 过程模型

在过去，绝大多数公司在培训过后只是报告在培训上花费了多少费用、培训占用了多少时间、参加培训的人数等，而没有提供培训给公司带来的价值以及投资回报的相关信息。近年来，一些企业开始强调对培训的投入和产出进行评估，为此菲利普斯提出了 ROI 过程模型。ROI 过程模型在四级评估法模型上加了第五个层次，即反应和已经计划的行动、学习、工作应用、组织结果和投入产出。

第一层次：反应和已经计划的行动。这一层次测量学员的满意度以及培训项目计划的实施情况。检查满意度程度时必须认识到，良好的意见反馈并不一定表明学员学到了新的知识和技能。

第二层次：学习。这一层次利用测试、技能时间、角色表演、情境模拟、小组评估和其他评估工具，检验学员在培训中所学的内容，评估学员知识、技能和观念的变化。

第三层次：工作应用。这一层次使用跟踪方法，测量学员使用新技能的频率等，以判断学员是否将所学应用于实际工作中。这个层次很重要，但是它们并不能确保培训对组织有积极的影响。

第四层次：组织结果。这一层次测量学员应用培训所学后对组织产生的积极影响，测量的内容通常包括产量、质量、成本、时间和顾客满意度。

第五层次：投入产出。培训固然会对组织产生积极的影响，但是组织同样需要将对培训的投入与培训产生的收益进行对比。ROI 通常表示成一个百分数或成本与收益的比率。

6.3 培训效果评估的流程与方法

1. 培训效果评估的流程图

遵循科学的流程是顺利、有效地进行培训评估活动的关键，一般来说，有效的培训评估应该包括以下八个主要环节（见图 6-1）：

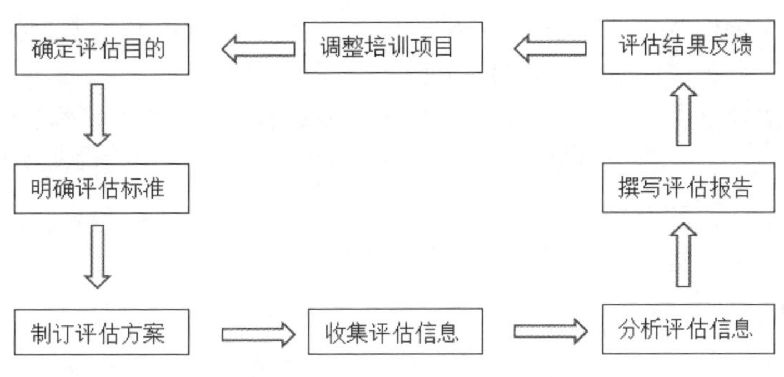

图 6-1 培训效果评估流程

1）确定评估目的

在开始项目评估时，要明确为什么要进行评估？评估的目的是什么？这是评估的方向性问题，对评估的内容、评估的标准、评估所采用的技术、评估的实施者、评估的时间都具有指导性和决定性意义。例如，管理层要了解“以客户为中心的销售培训项目”是否提高了销售人员的销售技巧，那么评估的内容就是销售人员访问客户的行为，评估的标准就是期望的行为，评估可以采用观察法，评估人为销售人员的直接上司，评估的时间就是销售人员访问客户的时间。

2）明确评估标准

根据培训目标制订可操作的标准与可测量的指标。它是用来作为测量员工培训成果的参照的，也是培训评估的关键。应在培训正式开始前将评估标准公之于众，使得参与培训的各方从一开始就知道培训要做的工作以及应该达到的标准。评估标准要科学合理、符合实际，要经过各方讨论共同决定。

3）制定评估方案

评估方案的制定包括以下几个方面：选择评估模型、确定评估参与人员、选定评估对象、确定评估时间和地点。

（1）选择评估模型。培训效果评估模型有柯可帕特里克的四层模型、菲利普斯的五层次 ROI 框架模型、考夫曼的五层次评估模型、CIRO 模型、CIPP 模型等，应根据评估的目的和目标，选择合适的模型对培训进行全面或部分评估。

（2）确定评估参与人员。培训评估工作需要耗费大量的时间和精力。一般认为评估工作应该由培训组织者或培训师承担，但是若要全方位、多层次评估培训效果，例如了解员工培训后有没有将所学应用于实际工作，有没有改善工作绩效，光靠培训组织者或者培训师是不够的，因此，必须将所有利益相关者列为评估的候选人。与员工培训利益相关的人包括培训项目发起人、培训部门负责人、培训师、学员的直接上司以及学员本人。在实际操作中，要根据具体需要进行选择。

（3）选定评估对象。企业进行培训评估需要耗费的费用，因此并不是所有培训结束后都需要进行评估。只有选定了评估对象，才能针对这些具体的评估对象开发有效的问卷、考试题、访谈提纲等。

（4）确定评估时间和地点。对于需要及时评估的内容，如连续性很强的知识型内容要随时进行评估，否则会影响后续流程的有效性。而有些评估需要分阶段进行，如对于大多数与经济指标相关的效果评估需要在项目结束后半年甚至更长的时间实施。至于评估地点的选择，以方便、灵活为准则。

4）收集评估信息

收集评估信息决定了评估效果的好坏，非常重要。需要收集的评估资料包括：培训需求分析报告、培训项目计划书、培训方案设计及实施过程中的各种资料。另外，还可以通过访谈、问卷调查、观察等方式收集评估所需的资料。

5）分析评估信息

评估者要对收集到的原始资料进行统计分析，将结果与评估标准对照并做出相应的评价，得出关于员工培训的目的是否达到以及达到的程度的结论。

6）撰写评估报告

评估者在对评估资料进行统计分析后，将得出的结论观点写入评估报告中，对此次培训做出合理、公正的评价。撰写评估报告并及时对评估活动进行正式总结，也是对后续沟通和决策做好准备。

7）评估结果反馈

评估结束后，需要将评估的结果反馈给相关部门和人员。企业高层管理者需要了解培训项目的成本和收益情况，以此来决定是否继续支持项目；学员的上司需要知道学员的能力和素养在接受培训后是否提高了；学员需要了解自己通过培训是否获得了进步和成长；培训师需要了解培训课程的设计、实施以及培训环境对培训效果的影响以及今后要进行改进的方面；而培训主管需要掌握整个员工培训的流程和综合效果，为未来开展培训工作打下基础。

8）调整培训项目

企业收到培训评估反馈报告后，紧接着要采取相应的纠偏和调整措施。培训主管可以根据培训项目的效果，保留收效大、反映好的项目，对不够有效的项目要进行重新设计或调整，补上某个领域欠缺的培训，取消没什么效果的培训项目。

2. 培训效果评估的方法

培训效果评估的方法包括定性分析和定量分析两种。定性分析法主要有观察评估法、集体讨论法和问卷调查法；定量分析方法有成本——收益分析法和加权分析法。

1）观察评估法

观察评估法是指评估者观察学员在培训过程中的反应情况和在培训结束后在工作岗位上的表现，并将相关信息记录到培训过程观察记录表中。

2）集体讨论法

集体讨论法是指培训评估人员将学员集中起来，每个学员都要在会议上陈述培训所学以及培训知识的运用情况。集体讨论法一般在培训结束以后使用，以了解学员对于培训的总体感受以及对培训的意见和建议。

3）问卷调查法

问卷调查法是通过问卷，在培训课程进行中或培训结束后向调查对象了解各方面信息的方法。例如培训中可以发放调查问卷了解学员对培训讲师、培训课程、培训内容、培训服务等方面的看法。

4）成本—收益分析法

成本—收益分析法是通过分析成本和培训所带来的各项硬性指标的提高，计算出培训的投资回报率，是最常见的定量分析法。

培训收益计算公式如下：

$$\text{培训收益}=(E2-E1)\times N\times T-C$$

其中，E2 表示培训后每位学员的年效益，E1 表示培训前每位学员的年效益，N 表示参加培训的总人数，T 表示培训效益可持续的年限，C 表示培训成本。

投资回报率计算公式如下：

$$\text{投资回报率（ROI）}=(\text{培训收益}/\text{培训成本})\times 100\%$$

计算出来的 ROI 值小于 1，表明培训收益小于培训成本，说明此次培训没有收到预期效果，或企业存在的问题不是培训所能解决的；ROI 值大于 1，说明收益大于培训成本，培训还是有效果的。当然，该方法实施的前提条件是参加培训的人员的年效益是可以量化的，对于那些年效益无法量化的学员，这种方法就难以操作。

案例

ROI 评估应用

一家大型连锁店为了增加销售额，对销售人员进行了销售技巧培训，以提高销售人员与客户进行沟通的水平。项目由外部咨询公司设计和实施，内容包括 2 天的技能培训，1 天的后续跟踪培训（由学员实践所学技能，然后讲述各自实践的情况，探讨克服实施障碍的方法），3 周的技能在工作中的应用。参与培训的 48 个学员来自 3 个分店的电子部门，每部门 18 人。

该培训项目效果评估的主要思路是：从另 3 个分店的电子部门各选 1 组作为对照组，对照组在商店规模、地点和客流量方面与培训组相同；采用有对照组的后测方案，监测记录每人、每周的平均销售额；通过比较培训组和对照组的周销售额，了解培训的实际效果。具体实施情况如下：

在培训结束时，培训师负责通过发布调查问卷，了解学员对培训项目的评价和建议。其中对项目的质量、用途和收获的评价为 4.2 分，满分是 5 分。培训后 3 周，培训师主持召开了以学员为对象的研讨会，了解技能在工作中应用的频率和效果以及与客户打交道过程中遇到的主要障碍。培训结束后 3 个月，培训协调员对学员实施了问卷调查，其内容也是关于销售技巧的应用和与客户沟通的障碍的。他们还汇总了业绩监测的记录，以了解销售额增长的情况。最后进行了投资回报收益率分析，即 ROI 分析。

5）加权分析法

使用加权分析法须建立一个完整的评估指标体系，确定各项指标的权重（衡量指标重要程度的数据，所有权重之和等于 1）；每个指标分为五个等级（优为 5 分，良为 4 分，中为 3 分，合格为 2 分，不合格为 1 分）；就受训人员的某一方面进行全方位的调查，然后进行结果计算。

以下是对某位员工接受职业素质培训后运用加权分析进行培训评估的案例（见表 6-4）：

表 6-4　加权分析评估示例

指标权重	指标等级					
	5 分	4 分	3 分	2 分	1 分	单项指标得分（分）
工作能力（0.2）	40%	25%	20%	10%	5%	0.77

（续表）

指标权重	指标等级					
	5 分	4 分	3 分	2 分	1 分	单项指标得分（分）
知识理论水平（0.2）	30%	20%	25%	15%	10%	0.69
职业道德水平（0.2）	55%	20%	10%	8%	7%	0.816
敬业精神（0.2）	10%	60%	20%	8%	2%	1.472

注：表中评价结果用百分数表示，如 40%表示 40%的人认为该员工的工作能力得分为 5 分，即为优；单项得分=权重×∑(分值 × 百分比值)；

最终评价结果=∑(权重 × 单项得分)；

最终评价结果=0.2×0.77+0.2×0.69+0.2×0.816+0.4×1.472=1.044（分）

本章小结

本章主要介绍了培训效果评估的相关内容，包括培训效果评估的概念、作用、评估维度以及培训效果评估相关理论。通过本章的学习，读者也可以了解培训效果评估的流程与方法。

复习与思考

（1）什么是培训效果评估？其有什么作用？

（2）培训效果评估的模型有哪些？

（3）什么是柯可帕特里克的四层模型？

（4）培训评估的实施流程是什么？

（5）培训评估的方法有哪些？

课后案例

针对课程的一到三级评估

一家大型连锁超市是日本某大型零售商在中国大陆投资的公司之一。随着人们生活水平的逐步提高和市场的持续发展，该公司扩张开店的速度也日趋加快。为了提升公司的竞争力，实现人才本土化战略，公司非常重视对本土人才的培养，每年都投入巨资对准备晋升为店长、经理的后备干部进行强化培训，《问题分析与解决方法》成为一门必修课。

但是该如何确保培训的效果，如何评估培训的绩效，还有待进一步研究与解决。

为了检验受训人员对这一培训项目的印象如何（包括对讲师和培训科目、方法、内容、自己收获大小等方面的看法），在培训项目结束时，公司给学员发放了培训评估问卷并当场回收，这就是最基本的“反应评估”。

之后，在完成《问题分析与解决方法》课程培训一段时间后，每一位受训人都收到了一份作业，要求他们结合日常工作中遇到的问题自行选题并写一篇解决方案，方案要利用上培训时老师讲授的工具和方法，并按照“选题原因、问题定义、原因分析、真因确认、对策拟定、执行计划、成果确认”七个步骤来撰写。

作业完成后提交给培训师以及学员的上级主管，由他们对学员的作业给予评价，包括优缺点、总体评价及改进建议等。通过这样的强化学习，趁热打铁地引导学员利用所学知识去解决工作中的问题，提高、巩固了他们对知识的实际掌握度。

经过学习考核的强化，短期之内学员的知识、技能，甚至态度都会有所提升，但是这种提升往往会在一定时间内有所反复，要想让课堂上学到的东西持续改变学员的日常行为，还需要一些督促和激励手段。

公司采用了“行为检查表”，定期对参训学员进行检查，主要检查其解决问题的方法、态度以及应用的工具与培训之前相比有没有改变。同时，定期采用360度全方位调查方法调查学员的行为改变程度。另外，还利用一些公司遇到的难题作为测试评量工具，测试学员们的真实知识与能力水平，并且制订相关制度，以确保培训绩效能够持续转化成组织绩效。

（资料来源：http://www.bjxjykj.com/m/view.php?aid=196）

思考题

阅读以上资料，请回答：

（1）公司为什么要做培训效果评估？培训效果评估有什么作用？

（2）该公司是如何用四级评估法做培训效果评估的？

延伸阅读

六西格玛培训评估

花旗银行的企业愿景是要在下一个十年成为国际第一的金融公司。为了实现这一宏伟目标，花旗银行开始在全世界实施新的质量战略，而这一战略的目标之一，就是将已被证明适用于生产性企业的六西格玛理论和减少循环时间理论（CTR）引入到属于服务业的世界性的金融组织。

花旗银行的高层为这一战略目标的实施提供了强有力的支持：公司相关的高级经理在整个实施过程中都有不同程度的参与，全国各级运营官和公司银行经理是战略实施最强有力的支持者，他们在整体上把握各项工作。

战略实施的关键步骤是花旗银行在 1997 年聘请了摩托罗拉大学的咨询和培训服务部门的人员给自己的员工提供关于六西格玛理论和减少循环时间（CTR）理论的培训。

六西格玛理论培训的关键目标是，指导花旗银行的战略实施人员使用必要的工具发现质量缺陷。例如，使用 Pareto 表格对统计数据进行处理，出现问题次数最多或者成本最高的地方将会在表格中显示出来，这样能够清楚地看到首先应该改进的地方，并采取措施进行相应的调整以提高服务质量。

花旗银行的质量培训始于 1997 年。从 1997 年 5 月到 1997 年 10 月，超过 650 名高级经理都接受了培训。在 1997 年 11 月到 1998 年底期间，有另外 7 500 名职员参加培训，其中一部分培训由高级经理执讲。到 1999 年初，全世界有 92 000 名员工接受了培训。

通过一系列培训，花旗银行的战略实施部门取得了令人兴奋的成绩：

银行资产金融部推行跨部门绩效挑战要点，将作业时间平均减少了 75%，从原来的 2 个小时减少到现在的 30 分钟。

银行作业小组跟踪整个资金转移过程，并利用 Pareto 表格分析业务缺陷，发现了高频率出现的缺陷会导致内部召回。经过相应的调整，现在每个月的交易召回总量从 8 000 例减少到 1 000 例，减少了 75%。

全球证券服务中心通过培训，帮助员工确认正确的作业程序、监督操作流程，跟踪差错，把六个新兴市场上的 8 个大客户的证券交易失败率降低 60%。

花旗银行质量战略的成功实施，得益于六西格玛培训的推广。而上述培训成果是典型的 ROI 评估层次的应用。

（资料来源：http://www.bjxjykj.com/m/view.php?aid=196）

思考题

（1）花旗银行的培训成功在哪里？

（2）为什么说 ROI 评估层次的应用能带来好的培训成果？

7 员工开发

学习目标

（1）掌握员工开发的基本概念及作用；
（2）掌握新员工培训与开发的概念、作用、内容和方法；
（3）掌握普通在职员工培训与开发的概念和内容；
（4）掌握管理人员培训与开发的概念和内容。

引例

走进华为、走近一流——山西建工组织中高层管理人员赴华为培训学习

2019 年 11 月 11 日，山西建工集团组织的战略执行力提升研修班——“走进华为”学习培训活动正式启动。集团公司首批机关部门负责人、项目经理、优秀后备人才及优秀青年人才等 40 人来到深圳华为公司总部培训中心，向世界一流企业取经学习。

华为公司从一个启动资金仅有两万元的小企业，成长为销售收入超过 7 000 亿元的世界一流企业，积累了很多宝贵的管理经验，值得学习和借鉴。在开班仪式上，班主任老师介绍了本次培训的主要课程。随后，金牌导师姚老师首先进行了《华为企业文化与核心价值观》的专题授课。她从企业文化如何塑造与落地、如何激活组织与人才、文化建设如何牵引组织与人才的目标和绩效，以及如何有效传播和传承企业文化与核心价值观等方面，生动系统解读了华为企业文化和核心价值观的形成过程，以及背后事件与文化形成过程中的思考和实践，分享了企业文化在制度建设中，如何进行持续有效的传承，如何通过文化来推动组织业务成功。

全体参训成员认真聆听、仔细记录，主动思考并积极分享学习心得，纷纷表示培训首日已大开眼界、受益匪浅。在之后几日，华为的金牌讲师通过《从战略解码到战略执行》《项目管理提升战略执行力》《绩效管理与多元激励》等精彩课程，系统讲解华为“以客户为中心、以奋斗者为本”的核心理念及其深刻内涵，以及华为的组织变革与创新、华为国际化发展之路的宝贵经验等内容。山西建工中高层管理人员分两批参加此次“走进华为”学习培训活动。这次高规格、高水平、高层次的集中“充电”，有力拓展了山西建工中高级管理人员的战略思维和国际化视野，提升了干部队伍整体素质和领导力水平，促进了集团更好更快发展。

越来越多的企业开始重视员工开发，员工开发正在成为区别比较成功的企业与不太成功的企业的关键因素。本章将探讨员工开发的概念、特点以及作用，探讨不同类型的员工培训与开发的方法。

7.1 员工开发概述

1. 员工开发的概念和特点

员工开发是指企业为员工未来发展而展开的正规教育、在职实践、人际互动以及个性和能力的测评等活动。员工开发的对象是在职员工，它具有四个鲜明的特点：一是广泛性。开发不仅针对管理者，一般员工也在开发范围之内；开发的内容涉及知识、能力、潜能、技能、态度等。二是协调性。员工开发是一个系统工程，它要求各个环节相互协调。三是实用性。员工开发活动应当产生一定回报，要将开发成果转化成生产力，促进企业竞争优势的发挥。四是长期性。员工开发是一个长期的过程，科学与技术的发展使得人们必须不断接受和学习新的知识和技术。

2. 员工开发与员工培训的区别

尽管培训与开发这两个词在一些场合可以混用，但实际上两者还是有区别的。员工培训是根据组织和个人在某一时期的发展和工作需要，运用现代培训技术和手段，提高员工绩效和增强组织竞争力的过程。员工开发是指企业为员工未来发展而展开的正规教育、在职实践、人际互动以及个性和能力的测评等活动（见表7-1）。

表 7-1 员工培训与开发的比较

<table>
<tr><th colspan="2">比较</th><th>培训</th><th>开发</th></tr>
<tr><td colspan="2">相同点</td><td colspan="2">根本目的在于提高人力资源质量和工作绩效水平，对象是企业员工，是有计划、连续的工作</td></tr>
<tr><td rowspan="7">不同点</td><td>目标</td><td>着眼于短期技能、知识的提高，强调短期目标</td><td>着眼于未来知识和能力的提高，强调长期目标</td></tr>
<tr><td>关注焦点</td><td>现在</td><td>将来</td></tr>
<tr><td>与当前工作的相关性</td><td>高</td><td>低</td></tr>
<tr><td>持续时间</td><td>短，具有集中性和阶段性</td><td>长，具有分散性和长期性</td></tr>
<tr><td>范围</td><td>窄</td><td>宽</td></tr>
<tr><td>工作经验运用程度</td><td>高</td><td>低</td></tr>
<tr><td>收益</td><td>近期内见效</td><td>是人力资本投资，在未来取得收益</td></tr>
</table>

从表 7-1 可以看出员工培训和员工开发有相同的地方，例如他们的对象都是企业员工，都是要通过改善员工的工作业绩来提高企业的整体绩效，只是关注点有所不同，一个关注现在，另一个关注将来。员工培训的内容中更多的是具有短期目标的行为，目的是使员工掌握目前所需要的知识和技能；员工开发的内容中更多的是具有长期目标的行为，目的是使员工掌握将来工作所需要的知识和技能。

3. 员工开发的作用

员工开发可带来许多益处，J • 阿代尔（J. Adelle）曾用行动中心型领导模型加以说明，他认为：员工开发的益处分为任务、团队和个人三个方面。

员工开发对任务的益处包括：生产能力增加、工作目标明确、标准化的建立等方面。

员工开发对团队的益处包括：设立团队行为标准、解决团队困难和冲突、培养团队合作精神、促进团队成员交流等方面。

员工开发对个人的益处包括：了解个人的能力、优势、需求及目标；支持员工应对困难和挑战；获得对自己工作努力和绩效的认同；拓展知识面。

总之，员工开发带来的益处是多方面的，它可以同时促进组织和个人的发展。因此，做好员工开发工作非常重要。

7.2 新员工培训与开发

1. 新员工培训与开发的内涵

新员工培训与开发是指为了让新员工较好地投入新工作、适应新环境，企业根据岗位规范和要求为其提供相应培训的活动；也是企业帮助新员工开始初步规划或者继续发展自己的职业生涯、定位自己角色、发挥自己才干的过程。

新员工培训与开发是新员工与新的工作群体成员互动行为的开始。尤其对于没有工作经验的毕业生来说，刚进职场，就像一张白纸，不同的企业文化会为其印上不同的色彩和图像。在新的环境中，他们的行为举止和内心感受，都会发生或大或小的改变。如果企业想将这些校园学子成功地转变成为“企业人”，就必须重视新员工的培训，系统地规划好新员工培训。而对于那些从其他企业进入本企业的新员工来说，则是要从一种组织文化进入到另一种组织文化。他们会担心各种问题，例如，能否适应新工作？是否能与同事们融洽相处？公司未来的发展前景如何？这就需要对这些新员工进行培训与开发，帮助他们融入新的工作环境。

小专栏 7-1

谷歌实习生导致千万元损失

据英国《金融时报》报道，谷歌内部实习生无意中犯下一个错误，导致一则没有意义的广告投放到大量网页和应用中，持续了大约 45 分钟，相关的清理费用达到 1 000 万美元，真可谓小手一抖，千万元打了水漂。虽然这样大的损失只是个例，但是新人犯错在企业里比比皆是。新员工犯错对公司造成损失到底是谁的责任？只要这个新员工不是有意为之，不论是从法理上，还是从情理上，都是公司的责任更大一些。如果公司觉得这个员工有问题，那一开始就不要选择录用他。既然员工已经入职，就说明公司经过面试选拔之后，认为这个员工是可以胜任岗位的。

2. 新员工培训与开发的作用

新员工的培训与开发无论对企业还是对员工来说都是必要的，培训和开发可以提高员工的岗位适应能力，缩短岗位适应时间；也可以保证企业在一定数量的员工流动的情况下仍能保持生产的稳定性和高效性。

1）了解企业文化，尽快融入团队

新员工刚进入企业面临的是一个完全陌生的环境，他们对企业的经营理念、文化以及制度等都不了解。因此，企业需要通过新员工培训，让他们了解企业的基本状况、公司的价值观和行为准则，认同公司的组织文化，尽快融入团队。

2）快速熟悉岗位职责，开展工作

新员工培训不仅让他们了解整个公司的基本情况，还要让他们了解即将步入的工作岗位的基本职责。通过培训，新员工将会了解自己的岗位职责以及组织期望的工作结果，将学会根据工作的具体要求制订日程安排并掌握相应的工作方法，快速有效地开展工作。

3）保障员工职业安全与健康

通过培训，新员工将基本了解所在岗位的工作职责、工作程序、安全操作规范以及发生紧急情况时的处理方法和程序，从而保证自己的职业安全和人身健康。

4）建立自己的职业发展规划，降低员工流失率

新员工刚来公司，通常不了解自己的努力方向和发展方向，可能会对未来感到迷茫。因此，企业可以通过新员工培训，让他们了解如何进行职业生涯，明确

自己职业发展的道路和方向。这样，新员工会关注自己的成长机会，消除不必要的打算，踏踏实实地做好工作。

5）有利于保持企业生产的稳定和效益的提高

对于企业而言，新员工进入工作岗位后，如果没有为其培训，那么他们会将大量的时间用于熟悉新的企业、新的岗位、新的角色。陌生的工作岗位及环境将影响他们知识和技能的发挥，无益于企业生产效率的提高。因此，新学员培训可以让员工在较快时间内适应工作岗位，将技术和技能转化为生产力，保持企业生产的稳定和效益的提高。

3. 新员工培训与开发内容

新员工培训与开发是员工对工作岗位的第一印象的重要影响因素。它的主要目的是让员工了解企业的基本情况，熟悉工作环境，了解新岗位必须具备的知识和技能，较好地胜任工作、适应环境。

1）公司基本情况

新员工进入公司首先应了解公司的基本情况，减少对公司的陌生感。公司的基本情况一般包括如下信息：

（1）公司的地理位置和工作环境。

（2）企业的标志及由来。

（3）企业的发展历史和代表性人物。

（4）企业具有重要意义的纪念品。

（5）企业的产品和服务。

（6）企业的品牌地位和市场占有率。

（7）企业的组织结构及主要领导。

（8）企业的战略和发展前景。

2）岗位工作信息

进行新学员培训时不仅要向新员工介绍企业的基本情况，而且要介绍他们的工作岗位，让他们在规定时间内掌握科学合理的工作方式。与新员工见面之时，就要向其详细介绍职位要求，让新进员工了解自身所要承担的工作职责以及与其他同事的工作之间的关系。此外，还需要向新员工描述恰当的工作行为并做出示范，要制订日程安排并在规定的时间内让新员工掌握工作方法和工作技能，还要对绩效考核、晋职、加薪等规定进行详细说明，接受新员工提出的问题并给予必要指导。另外，新员工还应掌握在具体工作中与同事联络的方法，了解上司的管理风格、必要的保密要求等。

3）公司的规章制度

规章制度是员工的行为准则，有关工作、人事和管理等方面的规章制度可以写入公司员工手册以便于员工了解。规章制度的具体内容一般涉及企业的主要政策规定、员工行为规范、福利报酬制度、社会保障制度、劳动安全制度和劳动关系制度等。

4）企业文化和管理理念

企业文化是企业在经营管理过程中逐渐形成的一套价值观和行为准则，是一个企业员工的集体思维模式和行为模式。企业的管理理念是企业发展战略、经营管理方针及员工行为规范等各个方面的具体体现，是企业文化中极具特色和最具应用性的内容。每个企业的文化和管理理念都不相同，新员工入职后，企业要把价值观与经营理念传授给他们，让员工主动协调工作、注重团队协作、增强对企业的忠诚度和归属感。

5）员工职业发展规划

在新员工培训中要向新员工宣传介绍企业倡导的员工发展理念，让他们了解企业对员工的职业生涯规划、在企业能够获得的提升机会和发展路径，以及在本企业可以走的职业生涯道路。通过培训，使新员工明确自身的努力方向，从而规划好个人的职业发展路径。

6）同事介绍并参观公司

新员工初到企业，对公司的一切都比较陌生，尤其是置身于陌生人群中会感到非常不适。这就需要在新员工培训中将其介绍给部门的主管和同部门的同事。特别是在新员工刚入公司时，部门内最好准备一个简单的欢迎仪式，减少新员工的陌生感。为了让新员工更了解公司的具体情况，企业可以安排他们参观各部门的办公室、食堂、厂区、运动场、产品陈列室等，消除他们对环境的陌生感。

4. 提高新员工培训与开发有效性的方法

小专栏 7-2

西门子公司的“新员工融入计划”

西门子公司考虑到新员工进入一个陌生环境的复杂感受，从他们的心理出发，既关心，又不给其压力，尽力为他们创造轻松、温馨、难忘的第一天。

人事部会通知公司前台每一名新员工报到的时间，并及时安排在职员工到前台迎接新员工。新员工被带到各自部门时，办公桌、电脑、电话、名片、移动电话、网络、电子信箱、文具等所有的办公用品都已准备妥当，桌上摆好的鲜花也在欢迎新员工的到来，同时还有一张欢迎卡，上面详细记录着入职第一天的日程安排。周到、人性化的措施马上给新员工以家的感觉，让他们感受到西门子细致、人性化的管理风格。这也会让新员工明白应该如何对待其他同事。接下来，西门子会安排一名老员工做其向导，引导他们适应公司环境，带领他们签订劳动合同，为其提供诸如员工手册、公司内部管理制度等资料，并指导他们登录公司内部网站去了解更多的信息。试用期内，西门子会为新员工介绍公司的组织机构、企业文化及其工作内容等，组织新员工参加新员工研讨会，帮助新员工建立工作网络以尽快融入公司，并通过各种活动让其了解在未来的几个月时间内他们能够学到什么、理解什么以及做到什么。西门子所做的一切无疑会使新员工感受到强烈的归属感，并产生在接下来的工作中为企业效力的意识。

1）给新员工留下美好的第一印象

人们的认知总是受到第一印象的影响。新员工在就职第一天对公司产生深刻的好印象，就意味着新员工培训和融入新环境成功了一半。如案例中西门子公司为新员工创造了轻松、温馨、难忘的第一天，让他们感受到西门子公司的细致入微的、人性化的管理风格，就是最有效的做法。

2）安排带教老师

新员工初来乍到，对公司及岗位的情况都不了解，企业安排带教老师则有利于他们快速熟悉环境、适应环境。案例中西门子为新员工安排一名向导，引导他们适应公司环境，带领他们签订劳动合同，为其提供一些资料，指导他们了解更多的信息的做法都让员工感受到了公司的人文关怀。

3）培养新员工的归属感及忠诚度

新员工进入企业后，就必须全身心地融入其中，在理解企业文化的同时，尽力建立团队归属感和主人翁意识，从心理上把企业当作自己的家。企业也必须处理好公司的内部管理事宜，为新人创造一种家的氛围，使新人在潜移默化之中与公司、同事建立起微妙的感情。企业可以开展各类团队建设活动，如聚餐、小派对等，帮助新员工快速融入团队。

4）举行新员工座谈会

举办新员工座谈会能够拉近新员工之间的距离，使新员工了解关于组织和工作的各种信息，也有利于组织收集一些意见与建议，及时解决新员工遇到的问题，增进大家的沟通和理解。

5）为新员工规划职业生涯

对新员工进行职业规划培训，一方面可以帮助员工自觉地实施自我管理，明确正确的前进方向和有效的行动措施，充分发挥自身潜能；另一方面也保证了企业未来对人才的需要，使企业人力资源得到有效的开发。

6）使新员工自始至终有公平感

企业应尽量从公平公正的角度出发，努力消除各种不公平因素，规范招聘、培训、晋升等程序，严格按照市场规则选人用人，建立具有竞争性的薪酬待遇体系，避免各种不公平因素挫伤新员工的积极性而导致新员工流失。

7.3 普通在职员工的培训与开发

1. 普通在职员工的培训与开发的概念

普通在职员工的培训与开发是指对在企业内不担任管理职能的基层在职人员提供知识、技能、素养等方面的培训，以提高员工现在和将来的工作绩效。

2. 普通在职员工培训与开发的目的

1）增强岗位胜任力

普通在职员工的培训与开发的首要的目的是增强他们的岗位胜任力。特别是针对工作未达到绩效或者勉强达到绩效的员工，企业为其提供相关的培训，可以提高他们的工作能力，改善其工作绩效，使其更好地胜任工作。

2）晋升

以晋升为目的的员工培训与开发是指对要晋升的员工进行知识、技能、领导能力等的培训，使其能够胜任新的岗位需求。

3）转岗

以转岗为目的的员工培训与开发是指对已被批准转岗的员工进行有关新岗位的培训与开发，使其能快速了解和适应新岗位的要求。

4）更新知识与掌握新技能

随着企业的外部环境与内部环境的不断变化，员工需要不断地学习新的知识和技能，了解行业内最新的研究成果、理论和发展动向，以便更好地为企业服务。

3. 普通在职员工培训与开发的内容

1）工作技能的培训

工作技能是指完成工作所需的知识、技能、经验等，是岗位胜任者和卓越绩效者所需的实际操作技能。各个行业对就业者均有着具体的工作能力要求和规范，不同的岗位也有着不同的工作技能要求。对于普通在职员工来说，首要的要求是能否胜任工作，因此工作技能方面的培训不可或缺。

2）团队精神的培训

团队精神是大局意识、协作精神和服务精神的集中体现，其核心是协同合作，反映的是个体利益和整体利益的统一，能够保证组织的高效率运转。团队精神并不要求团队成员牺牲自我，相反，挥洒个性、表现特长保证了成员共同完成任务目标，而明确的协作意愿和协作方式则确保了协同合作真正的动力。为了更好地提高组织工作效率，需加强团队精神方面的培训。

3）人际沟通能力培训

人际沟通能力指一个人与他人有效地进行沟通信息的能力。马克思指出："人是一切社会关系的总和。""一个人的发展取决于和他直接或间接进行交往的其他一切人的发展。"因此，沟通能力是一个人生存与发展的必备能力，也是决定一个人成功与否的重要条件。人际沟通能力在职场中非常重要，常常影响组织活动的效率。因此，加强在职员工人际沟通能力刻不容缓。

4）时间管理和个人效率培训

时间管理是指通过事先规划和运用一定的技巧、方法与工具，实现对时间的灵活有效运用，从而实现个人或组织的既定目标的过程。时间管理是一个概念，更是一种方法，每一个人都需要对自己的时间进行管理。但是更需要时间管理的其实是企业，因为一个企业不是靠某一个人来运转的，只有所有的员工高效率配合才能产生最大的效益和价值。所有的员工都懂得如何时间管理，那么将会大大提高员工的工作效率和企业的效益。

5）创新能力的培训

创新能力是在各种技术和实践活动领域中不断提供具有经济价值、社会价值、生态价值的新思想、新理论、新方法和新发明的能力。当今社会的竞争，与其说是人才的竞争，不如说是人的创造力的竞争。企业需要加强人才创新能力方面的培训，以在产品、技术、组织管理制度、营销、文化方面实现创新，进而增强竞争力，因此创新能力培训不可或缺。

6）情绪与压力管理培训

面对激烈的职场竞争以及较大的生活压力，有些员工很难享受工作和生活，甚至可能会面临心理崩溃、情绪失控的状况。情绪与压力管理培训可以帮助员工认清自己的情绪与压力来源，透过现象看本质，掌握一套适合自己的调试的方法，有效助力员工积极主动减压、释压，使员工以好的心态应对工作和生活。

7.4 管理人员的培训与开发

1. 管理人员的培训与开发的概念

管理人员的培训与开发是指组织有意识地为管理人员（和潜在的管理者）提供学习、成长和变革的机会，其目的是使主要管理者具备有效开展工作所必需的技能。

2. 管理人员培训与开发的分类

管理人员是指在组织中行使行政管理职能、指挥或协调他人完成具体任务的人，其绩效的好坏直接关系着组织的成败兴衰。一般管理人员分为三层：第一层是高级管理人员。他们是对整个组织的管理负有全面责任的人，负责制订战略目标、掌握大政方针、进行组织变革、分配组织资源、确定组织结构等；第二层是中层管理人员。他们是企业内部的管理者和执行者，负责贯彻和执行高层领导者的决策，在高层管理和基层管理人员之间进行沟通协调，监督基层管理人员活动；第三层是基层管理人员。他们管理普通一线员工，负责执行上级下达的任务。根据不同的层次，管理人员的培训与开发可以分为高层管理人员的培训与开发、中层管理人员的培训与开发和基层管理人员的培训与开发。

3. 管理人员培训与开发的内容

1）高层管理人员的培训与开发

高层管理人员是企业掌舵人，应该具备广阔的视野，能系统把握当今全球的社会、政治、经济形势，深刻理解和洞察企业内部各种因素的作用，拥有全局视野，可对企业的战略、目标、方针及发展方向进行创造性规划与决策，并可提高组织的活力和绩效。因此，高层管理人员培训应该侧重观念、理念层面，而不是业务、操作层面。具体内容主要包括：

企业所处环境和国内外形势的介绍：宏观经济环境和发展趋势、各级政府的政策法规、行业状况、市场发展前景、新兴科技和产业等。

经营思想的探讨：经营哲学、管理模式、企业宗旨、组织文化等。

企业发展战略的研究：企业核心竞争力的造就、战略思维和计划、内部资源分析、外部机会与挑战分析、产品发展的策略、多角化及一体化的经营策略等。

组织设计和用人策略的探讨：激励理论及实践、内部授权和责任中心、劳资关系、人才开发和接班人计划、组织的人性化、管理的多元化、组织未来发展趋势。

现代企业管理技术的介绍：战略管理技术、综合规划技术、预测决策技术、人力资源管理技术、财务管理技术。

领导能力的提升：企业家精神、个人权威和想象力、人格魅力、现代管理思想、领导艺术等。

企业社会责任的探讨：环境保护与可持续发展、企业公共关系、企业社会责任。

2）中层管理人员的培训与开发

中层管理人员是企业的骨干，他们的培训效果将决定企业的发展。在培训中层管理人员时应该侧重业务上的培训和管理知识、管理理念的更新培训，使其能更好地执行高层的方针政策，做好计划、组织、指挥、协调等工作。中层管理人员的培训与开发主要包括：本企业的目标和当前面临的问题以及实现目标的技巧；业务管理能力的提高，即如何进行目标管理、项目管理、时间管理、会议和组织管理，如何纠正工作偏差；如何提升领导艺术，即如何有效授权、激励、指导和培养下属，如何进行有效沟通；团队管理，即如何建立学习型组织、进行团队合作、有效地进行冲突管理等。

3）基层管理人员的培训与开发

基层管理人员是企业的基本细胞与肌体，是企业主要任务的具体执行者，提高他们的能力与素质是企业成长的基础。基层管理人员是企业生产、销售等经营活动的直接管理者，他们在生产、服务一线中起协调、监督与指导的作用。他们与实际操作员工的距离最近，是技术的传授者和工作的督导者，他们的培训更加侧重于提供与实务工作相配合的基本管理方法，以及有效处理一线日常工作中各种问题的技巧。基层管理人员的培训与开发主要包括：基层管理人员的角色、地位与责任认知、素质要求；基层管理的知识与技能，即如何进行人员工作调配、安全管理、绩效管理，对员工进行培训激励、团队建设，做好计划与控制、沟通与协调，如何改进员工工作表现等；管理实务培训，即如何进行生产计划的编制与控制，如何进行成本控制和质量管理。

本章小结

本章主要介绍了员工开发的相关内容，包括员工开发的概念、特点及作用；企业中新员工、普通在职员工以及管理人员的培训与开发的相关内容。通过本章的教学内容和案例学习，可以了解员工开发与员工培训的不同点以及在企业中如何对不同层次的人员进行培训与开发。

复习与思考

（1）员工开发的内涵与作用是什么？
（2）如何做好新员工的培训与开发？
（3）普通在职员工培训与开发的内容是什么？
（4）如何对企业管理层人员进行培训与开发？

课后案例

企业为什么要进行新员工培训

一想到明天就要正式到公司报到上班了，李阳内心别提多高兴了。这家公司是业内很有实力的新生企业，名牌大学毕业的他要到该公司网络中心开始自己人生的第一份工作。想到在最后一轮面试时总经理对他的欣赏，李阳认为明天公司肯定会为他们这几个新招来的大学毕业生安排一些“精彩节目”，比如高层管理者的接见与祝贺，同事的欢迎，人事部对公司各种情况的详细介绍和完整的员工手册等。他首先来到人事部，人事部确认李阳已经来到公司，就打电话告诉网络中心的王经理让他过来带李阳到自己的工作岗位。过了一段时间，王经理才派自己的助手小陈来，小陈客气地伸出手，说：“欢迎你加入我们的公司！王经理有急事不能来，我会安排你的一些事情的。”来到网络中心，小陈指着一个堆满纸张和办公用品的桌子对他说：“在这里工作的员工前些天辞职走了，我们还没有来得及收拾桌子，你自己先整理一下吧！”说完，小陈自顾自忙了起来。到中午，小陈带李阳去餐厅用餐，告诉他下午自己去相关部门办一些手续、领一些办公用品。在吃饭时，李阳从小陈那里了解了公司的一些情况，午休时与办公室里的一些同事又谈了一会儿，但他感到很失望，公司并没有像他想象的那样热情地接待他、重视他。第二天，王经理见到李阳，把他叫到自己的办公室，开始分派他的任务。当王经理说完之后，李阳刚想就自己的一些想法同他谈一谈，一个电话打来，李阳只好回到自己的电脑前边开始构思他的工作，他的工作是网络制作与维护。他知道，他需要同不少人打交道，但他还不知道谁是谁，只好自己打开局面了。这几天里，李阳感到好受一点的是另外两个同事对自己还算很热情。李阳曾经问过他俩：“难道公司总是这样接待新员工？”他们的回答是：“公司就是这种风格，让员工自己慢慢适应，逐渐融入公司。公司的创始人是几位工程方面的博士，他们认为过多的花样没多大用处，适应的就留下来，不适应的就走人。不少人留下来是因为公司的薪水还不错。”第一周过去了，李阳望着窗外明媚的阳光感到有些茫然。

（资料来源：https://news.12reads.cn/39572.html）

思考题

（1）李阳感到茫然的原因是什么？

（2）请简述企业对新员工进行培训的必要性。

（3）假设你是企业培训主管，请为该公司制订新员工培训计划。

延伸阅读

华为大学：将军的摇篮

华为大学号称中国企业的黄埔军校，也被人称为最牛大学。为了成为一个学习型组织，华为进行了各方面的努力，2005 年正式注册了华为大学，为华为员工及客户提供众多培训课程，包括新员工文化培训、上岗培训和针对客户的培训等。华为大学位于总部深圳，总占地面积27.5万平方米，分为教学区和生活住宿区。教学区占地面积 15.5 万平方米，拥有近九千多平方米的机房、一百多间教室、五百多个办公座位，能同时容纳两千多人进行培训。2016 年9月，华为大学新校区在东莞松山湖高新区大学路开工建设，总面积约 33.33 公顷，新校区建成后华为大学将会从深圳整体搬到东莞。

1. 华为大学一定要办得不像大学

任正非曾要求，华为大学一定要办得不像大学，因为我们的学员都接受过正规教育。我们的特色就是“训战”结合，给学员赋予专业“作战”能力。整个公司第一是要奋斗，第二是要掌握去奋斗的办法，光有干劲没有能力是不行的。

华大不是一个常规的高等院校，常规院校是培养大学生、硕士生和博士生的。华大的学员都是完成了基础教育才进来的。华大本质是对已经受过正规教育的人进行再教育，再教育应该跟职能有关系，而不再与基础教育有关系。华为需要员工从事这个工作，就要给他赋能，但赋能不是全面赋能，华大的赋能是要支撑公司文化、管理平台和关键业务能力，尤其是战略预备队的建设。

2. 华大一定要收一些费用，但要合理

华大为什么要收取费用？一是保证业务部门不会无偿利用资源、不认真学习；二是让华大可以实现收支平衡，不会因为超出公司预算被限制住。

任正非说：华大不收钱，就会造成灾难，因为这样华大就会被无穷地调用，直到“累死”。有个代表处的代表打一通电话：“我们这里有个问题，请你们来华大搞一下培训。”然后他打完这个电话，就不管了。培训若是要付钱的，那么他就有成本管理的意识了，学习也就认真了。所以华大一定要收一些费用，但收取的费用要合理。

自成立起，华大始终奉行“最优秀的人培养更优秀的人”的师资建设理念。华大采取内部讲师制，在170人的华大员工中，很少有专职的老师，外聘讲师也只是辅助。上千人的师资队伍中大部分是来自公司一线的优秀管理人员和技术专家。

对于讲师激励，华大采用物质激励和精神激励相结合的方式。根据最新的课酬规定，讲师最高课酬是 8 000 元/天。同时，华大有一套讲师评价体系，优秀讲师会在全公司进行公示。而对于讲师的发展，华大实行教师循环制，非终身制。

3．案例式教学，即“仗怎么打、兵怎么练”

哈佛商学院是最早采用案例教学的，华为大学当年从哈佛商学院和毅伟商学院请了一些专家和教授，分享如何进行案例教学。然后华为大学开发了自己的案例教学，形成了一些非常有华为特色的方法。

在华为大学的课堂中，你几乎看不到传统的灌输式教学，都是案例式教学，就是“仗怎么打、兵怎么练”。经过若干年的探索，这种教学模式在整个公司得到了非常好的验证。华为内部也说过，最大的浪费其实是知识和经验的浪费。所以华为成立了案例库，也鼓励和号召公司的专家和管理者往案例库中投稿。这些案例，一方面会应用到业务部门的总结复盘中，另一方面能应用到教学的过程中。

4．向衡水中学学习，为这个国家的振兴而努力奋斗

最近，华为创始人、CEO 任正非在接受采访时表示，华为的战略预备队正在学习衡水中学的精神，就是在改变不了外部环境的情况下，努力调整自己，从而适应大环境。“我们公司的战略预备队都在学习衡水中学的精神。他们改变不了教育制度，就要适应教育制度……我们公司也改变不了社会环境，改变不了大世界，也改变不了美国，我们就要向衡水中学学习，建立适应社会的方式。在世界各国的基层工作几年、做出杰出成绩的人员也要到华为大学受训，受训以后再回去，再受训再回去，让他们一层层自己走上来，他们都要向这些中学生学习，为这个国家的振兴而努力奋斗。”“我们公司为什么推崇衡水中学的教学？华为大学上课，要先看衡水中学学生跑步，为什么？一个中学生能做到的，华为大学为什么做不到？为什么不认可衡水中学的教学模式呢？衡水中学至少把孩子们的意志提升起来了。”

（资料来源：https://www.360kuai.com/pc/962113a7477ade338?cota=3&kuai_so=1&sign=360_57c3bbd1&refer_scene=so_1）

思考题

（1）华为为什么要办企业大学，有什么意义？

（2）华为的企业大学有什么值得借鉴的地方？

8

职业生涯管理

学习目标

（1）了解职业生涯管理的含义与内容；
（2）掌握员工进行职业生涯规划的方法；
（3）熟悉组织进行职业生涯规划与管理的措施。

引例

埃克森美孚石油公司的职业生涯管理

世界著名企业埃克森美孚石油公司的职业生涯管理是相当成熟且富有成效的，其主要涉及以下方面。①人力资源目标：一个长达五年的人力资源预测，包括对人力资源需求与成本的估计。②目标管理：将长期性的企业目标层层分解，落实到部门及个人，成为部门和员工的目标。③工作考评：每年定期根据目标评价员工的表现，进而进行薪酬的调整。④员工潜质的预测：根据员工的优缺点对员工做出评价，进而制订员工的发展计划。⑤员工职位的安排：显示企业现在及将来的职位安排，包括现任职位与将来可能的调动。⑥职业发展研讨会：由各部门组织开展，将讨论资料提请高层人士作为人力资源规划的参考。⑦指导与辅导。⑧职业生涯的研讨会：帮助员工了解企业需要的技能和自己擅长的技能，制订与公司需要相匹配的职业生涯规划。

从引例中可以看到，企业在进行职业生涯管理相关工作时首先要围绕自身需求设定合理的人力资源管理目标；围绕目标制定配套的考评机制，根据考评结果构建相关的总结与评价、职业指导以及工作研讨机制，并根据结果不断调整优化企业职业生涯规划与管理工作。本章主要介绍职业生涯管理的含义与具体内容，员工职业生涯管理的方法，以及组织进行职业生涯规划与管理的相关措施。

8.1 职业生涯管理概述

“职业生涯”一词是指一个人一生中在职业活动上的全部经历，包括广义与狭义两个层面的含义。狭义的职业生涯指个体工作、职位的时间序列，仅涉及个体从开始工作到结束工作这段时间内经历的工作。例如 S.R • 巴利（S. R. Barley）

认为，职业生涯即为一系列职位构成的总体，指一个人一生中在职业活动上的全部经历；而广义的职业生涯则包括伴随个体一生的、与工作有关的活动、态度以及行为等，此层面的职业生涯规划重视考量个体职业生涯的整个过程及其在此过程中所受到的各种影响。美国心理学家格 J • 林豪斯（J. Greenhaus）认为，职业生涯是“贯穿于人整个生命周期的与工作相关的经历的总和”。综上所述，职业生涯就是指一个人的职业经历，是以心理开发、生理开发、智力开发、技能开发、伦理开发等潜能开发为基础，以工作内容的确定和变化、工作业绩评价、工资待遇、职能与职务变动为标准，以满足需求为目标的工作经历和内心体验的经历。职业生涯是一个人一生中职业与职位的变迁及工作、理想的实现过程。

1. 职业生涯管理的含义

职业生涯管理的理论起源于美国波士顿大学教授 F • 帕森斯（F. Parsons）于 1908 年创立的职业指导机构，该机构率先提出了“职业指导”的概念，即通过帮助需要职业生涯管理之道的就业者，使其清楚地知道自己的职业发展方向。发展至今，职业生涯管理已成为现代企业人力资源管理的重要组成部分，它是指组织促进其内部正在从事某类职业活动的员工实现其职业发展目标的行为过程，其包括职业生涯的设计、规划、开发、评估、反馈和修正等一系列综合性的活动。其目的是通过员工和组织的共同努力和合作，使每个员工的职业生涯目标与组织发展目标相一致，使员工个人与组织的发展相契合。在这个过程中，员工需要根据自身的职业生涯目标与企业发展目标，不断学习，提升完善自我。有关学者将人的生命周期与职业生涯规划相联系，划分出了不同的发展阶段，目前应用较广的是美国心理学家格林豪斯的职业生涯“五阶段理论”，即根据人生各年龄阶段所面临的主要任务，将职业生涯划分为：职业准备、进入职业、职业生涯初期、职业生涯中期与职业生涯后期五个阶段。

2. 职业生涯管理的特征

1）组织与员工双方的责任共享

在职业生涯管理过程中，组织与员工个体必须共同合作，承担各自的责任。员工与组织必须按照职业生涯管理的具体要求做好各项工作，但在合作中，双方不能过度依赖对方。具体地说，员工必须结合自身的性格、兴趣与特长，设计个人的职业生涯规划；而组织在进行职业生涯管理时则应综合考虑组织的整体发展目标与组织全部成员的整体职业生涯发展，通过对全体员工的职业生涯管理，最大限度发挥组织成员的集体潜能，有效实现组织发展目标。

2）职业生涯管理体系各组成部分的有机结合

作为一项系统工程，职业生涯管理应符合企业的战略目标，同时要与人力资源规划、招聘、培训、薪资与业绩考核等人力资源开发活动紧密结合，以便最大限度发挥职业生涯管理对企业的推动作用。

3）职业生涯管理是动态持续的管理过程

职业生涯管理贯穿于员工职业生涯发展与组织发展的全过程，在组织发展的不同阶段，每个组织成员的发展特征、发展任务与面临的问题各不相同；而组织在不同的发展阶段，职业生涯管理的侧重点也有所不同，因此职业生涯管理的目标或采取的措施应具有弹性或缓冲性，以适应情况的变化。

3. 职业生涯管理的作用

1）可有效激励员工

每一个人都有追求自我价值实现的需要，满足员工发挥个人潜能、实现个人理想的需要会使他们获得激励。能看到个人发展机会的员工会对工作和企业具有更高的满意度，亦能不断提高个人绩效。

2）可增加培训开发工作的总体收益

职业生涯规划可以使企业获得最基础的培训需求信息。基于员工职业发展规划的技能培训会更好地得到员工的认可，直接作用于整体绩效的提高，使企业获得良好的培训收益。

3）可获得人力资源信息以进行高效的需求和供给预测

职业生涯规划有利于员工和企业更好地了解个人的实力和专业技术水平，使企业更好地作出需求和供给预测，有目的地进行选拔与甄选。

4）可增强员工的忠诚度

企业关注核心员工的职业生涯发展及其实现措施，营造企业与员工共同成长的组织氛围，会令员工对未来充满信心和希望。当员工看到自己的职业生涯计划在逐步变成现实时，会更倾向于留在企业。

4. 职业生涯管理的内容

职业生涯管理是现代企业人力资源管理的重要内容之一，是企业帮助员工制订职业生涯规划和实现职业生涯发展的一系列活动。其主要内容包括：职业路径设计、职业选择、工作—家庭联系与职业咨询。

1）职业路径

职业路径设计是指组织为内部员工设计的自我认知、成长和晋升的方案。职业路径设计既可以帮助员工了解自我，又有利于组织掌握员工的职业需要。另外，职业路径设计通过确立组织内晋升的条件和程序，对员工职业发展施加影响，使员工的职业发展目标和计划满足组织的需要。职业路径设计指明了组织内员工未来的发展方向及发展机会，使组织内每一个员工都有可能沿着本组织的发展路径变换工作岗位。常见的职业路径设计方式有四种：传统职业路径、行为职业路径、横向职业路径及双重职业路径。

（1）第一种是传统职业路径。所谓传统职业路径是一种基于过去组织内员工的实际发展道路而制订出的一种发展模式。

（2）第二种是行为职业路径。行为职业路径是建立在对各个工作岗位进行行为需求分析的基础上的。

（3）第三种是横向职业路径。组织也常采取横向调动来使工作具有多样性，使员工焕发新的活力、迎接新的挑战。虽然没有加薪或晋升，但员工可以增加自身的价值感，获得新的工作体验。

（4）第四种是双重职业路径。双重职业路径主要是为了给组织中的专业技术人员提供与管理人员平等的地位、报酬和更多的职业发展机会而设计的一种职业路径和激励机制。双重职业路径的激励作用就在于形成了两条平行的职业生涯路径，一条是管理职业生涯路径，即管理梯阶；一条是技术职业生涯路径，即技术梯阶。

2）职业选择

职业选择通过对个人的性格取向、能力素质进行分析，来确定适合的职业方向。不同性格的人适合从事的职业类型不同。

（1）第一种是实际性向。具有这种性向的人会被吸引去从事那些包含着体力活动并且需要一定的技巧、力量和协调能力才能承担的职业，如森林工人、耕作工人及农场主等。

（2）第二种是调研性向。具有这种性向的人会被吸引去从事那些包含着较多认识活动（思考、组织、理解等）的职业，而不是那些主要以感知活动（感觉、反应或人际沟通以及情感等）为主要内容的职业，如生物学家、化学家以及大学教授等。

（3）第三种是社会性向。具有这种性向的人会被吸引去从事那些包含大量人际交往内容的职业，而不是那些包含着大量智力活动或体力活动的职业，如诊所的心理医生、外交工作者及社会工作者等。

（4）第四种是常规性向。具有这种性向的人会被吸引去从事那些包含大量结构性强且规律较为固定的活动的职业，在这些职业中，雇员个人的需要往往要服从于组织的需要，如会计以及银行职员等。

（5）第五种是企业性向。具有这种性向的人会被吸引去从事那些包含大量以影响他人为目的语言活动的职业，如管理人员、律师及公共关系管理者等。

（6）第六种是艺术性向。具有这种性向的人会被吸引去从事那些包含大量的自我表现、艺术创造、情感表达以及个性化活动的职业，如艺术家、广告制作者及音乐家等。

3）工作—家庭联系

（1）组织中的员工除了职业生活外同时还在经历家庭生活。家庭对员工本身有重大意义，也会给职业生活带来许多影响。工作—家庭平衡计划是组织帮助员工正确认识和看待家庭同工作的关系，调和职业和家庭的矛盾，缓和由于工作—家庭关系失衡而造成的压力的计划。

（2）工作—家庭计划的目的在于帮助员工找到工作和家庭需要中的平衡点。要达到这一目的，组织必须了解家庭各阶段的需求、工作境况对家庭生活的影响，然后给予员工适当的帮助。

（3）对家庭需要的了解可以参考家庭发展周期理论。一般来说，单身成人的主要问题是寻找配偶和决定是否结婚、组建家庭。婚后初期，适应两人生活、决定是否生育，变为当务之急。子女出生后要担负起抚养和教育子女的责任，而且要为自己的父母提供衣食和财务上的照顾。这些家庭需要有的会影响员工的工作情绪和精力分配，有的则有助于形成强烈的职业方面的需要和工作动机，最终影响员工对工作的参与程度。

4）职业咨询

职业咨询的意义是指帮助被解雇员工找到合适的工作，或是重新选择职业，同时向他们提供资助以帮助他们渡过职业转换期。

小专栏 8-1

小王的迷茫

小王毕业于东北某 985 高校机械与自动化专业，2015 年毕业后进入 TL 烟草公司工作。按照公司的招聘计划以及其所学专业，小王应该进入公司烟叶生产管理部门，从事烟叶生产的专业化管理工作。但是 TL 烟草公司的烟叶生产车间主要分布在外地，考虑到家庭的问题，经过与小王沟通协调，公司人力资源部把他调整到营销中心的营销岗位。但由于该部门人员相对饱和，小王很难在工作中接触到营销岗位的核心业务，只能做些辅助工作，虽然他也与中心主任进行了沟通汇报，但是由于营销中心的岗位安排等，小王一直没有获得正式的销售岗位。加上小王本来是机械及自动化专业，本身对市场营销并没有扎实的理论基础，也没有接受过专业系统的培训，虽然自己也努力找了一些专业书籍进行自学，但是由于家庭牵扯个人精力，个人的业务能力并没有得到很大的提高，所以毕业工作一年来，对市场营销的主要内容并不是十分清楚。因此工作存在感十分不足，内心有调换工作岗位的想法，但苦于一直未能和人力资源部门达成一致意见，也没有实现。小王在迷茫的时候也曾想过离职的问题，但现在人力资源市场不景气，再找到更加适合自己的工作也很困难，因此小王处于两难境地。如果这种状况持续下去，对小王后续的职业生涯难免产生更多负面的影响。

5. 职业生涯管理的理论

1）特质因素理论

特质因素理论（trait-and-factor theory）是由美国 F・帕森斯（F. Parsons）教授提出的，目前被认为是用于职业选择与职业指导的最早、最经典的理论之一。特质指个体的人格特征，包括性格、兴趣、成就、价值观和爱好等，这些特质可以通过心理测量来加以评估。因素是指在工作上获得成功所必须具备的条件或资质。帕森斯指出职业选择包括自我了解、获得有关职业的知识以及整合有关自我与职业世界的知识这三大要素。特质因素理论提出两个假设：一是人在选择职业时只有一个目标；二是测量的结果决定了职业生涯发展。这些假设从某种程度上忽略了人的学习、成长的潜能和工作要求的发展变化，将个体特质、工作要求视为静态关系。E. G・威廉姆森（E. G. Williamson）是特质因素理论的积极倡导者，他将该理论加以改造完善，在强调个体特质的同时，又加入了对个人经验、背景知识等因素对职业选择的影响的研究。一些学者将该理论誉为生命力最长的职业指导理论，认为特质因素理论奠定了生涯发展、生涯管理的基础。

2）MBTI 人格理论

MBTI（Myers-Briggs Type Indicator）人格理论由美籍心理学家 K・碧斯（K. Briggs）和 I. B・美亚（I. B. Myers）在 20 世纪 40 年代提出。该理论基于著名心理学家 C・荣格（C. Jung）的人格心理研究理论，从心理学角度对青年职业生涯管理进行研究，因此该理论强调职业与性格的吻合。该理论将人的性格概括为四组倾向组合，分别是外倾型（E）与内倾型（I）、实感型（S）与直觉型（N）、理性型（T）与感性型（F）、判断型（J）与知觉型（P）。由于每一个人都天生具有某一种倾向，并总能选出最符合自己性格的一种职业，于是该理论用 16 组由 4 个词语的英文首字母组成的组合来表示性格倾向，并形成了与之对应的 16 种职业性格类型。

3）职业生涯发展理论

E·金斯伯格（E. Ginzberg）及其研究团队是职业生涯发展理论的早期倡导者。金斯伯格提出了三阶段理论，即幻想期（11 岁以前，主要通过游戏扮演自己喜欢的职业角色，在本阶段末期游戏开始朝着工作导向发展）、尝试期（11~17 岁，独立意识增强，价值观开始形成，知识和能力显著提升，人们开始注意职业的条件，注重自身的兴趣、能力、条件和时间之间的匹配）和现实期（17 岁到成人，个体已形成较为具体和现实的职业目标）。1957 年 D. E·舒伯（D. E. Super）在对金斯伯格的研究进行批判和继承的基础上，提出了自己的职业发展理论（vocational development）。在职业生涯发展的研究中，舒伯将个体差异心理学、发展心理学、职业社会学等学科以及人格发展理论和角色理论等诸多学科集于一体，使职业生涯发展理论逐渐摆脱了传统、狭隘、静态的“人职匹配”模式，转向对个体终生连续发展的关注和对全面职业生涯管理的研究。

4）职业兴趣理论

J·霍兰德（J. Holland）提出人们的职业选择受个体动机、知识、爱好等几种因素的支配，其中最主要的就是职业兴趣。霍兰德和 V. G·尊克（V. G. Zunker）的研究认为生涯选择活动是一个人的人格在工作世界中的体现，只有那些能够满足个人需求的职业角色，才会对个体有吸引力。遗传因素和长期的生活经验形成了个体独特的导向，这种导向是稳定的或者是和谐的才能够帮助人们寻找到合适的职业环境，并在这种职业环境中获得满足。他们将职业环境和个人导向总共分成六类：实际型（realistic）、研究型（investigative）、艺术型（artistic）、社会型（social）、企业型（enterprising）和传统型（conventional）。但是霍兰德又认为人的个性种类实在太过复杂，因此他在后来的研究中又发明了霍兰德码，即用这六种类型的英文首字母组合成一系列的三位代码，用每一个代码来表示一种具体的人格，这就为个人选择职业提供了较好的参照。

5）职业社会学习理论

J. D·库伦伯茨（J. D. Krumboltz）等人提出的职业社会学习理论（a learning of career counseling），其主要观点是强化学习，他们将自我效能、结果期待和个人目标三个方面整合起来，动态性地揭示职业选择过程和职业发展过程。随着时代的变化，职业选择与发展过程也会随之变化。库仑伯茨等人认为：遗传天赋和特殊能力、环境条件和事件、学习经验、任务处理技巧等四类因素是影响人们职业生涯的决定因素，这四类因素之间通过不断的交互作用，形成了个体对自己能力、兴趣、价值观的合理推论，以及解决问题的技巧和职业选择的偏好。在该理论看来，遗传天赋和特殊能力（从父母那里遗传来的品质）改变的余地较小，可能会影响个人的职业生涯选择；环境条件和事件是超出个体控制能力的因素；学习经验这种因素是可以通过后天努力予以获得和改进的；任务处理技巧是指个体在后天的学习中获得的解决问题的策略、工作习惯、心理定势、情绪控制以及认知反应。库伦伯茨等人强调可以通过对后两种因素的培养提高人的职业生涯抉择技能，基于此，他们后来提出了以社会学习理论为指导的、帮助人们进行职业生涯抉择的方法。

6）职业锚理论

E·施恩（E. Schein）认为职业锚就是人们选择和发展自己的职业时所围绕的中心。当一个人选择职业的时候，他无论如何都不会放弃的是自己对于职业的定位、职业追求的理念或价值。该理论强调价值观、能力及兴趣三者与个性的融合。施恩将人的职业锚分成三个部分：以各种作业环境中的实际成功为基础的自省的才干与能力；以实际情境中的自我测试和自我诊断的机会以及他人的反馈为基础的自省的激励与需求；以自我与雇佣组织和工作环境的准则及价值观之间的实际遭遇为基础的自省的态度与价值观。施恩经过不断地探索，将职业锚进一步分为技术型职业锚（technical competence）、管理型职业锚（general management competence）、创造型职业锚（enterpreneurial competence）、独立型职业锚（independence competence）和安全型职业锚（security competence）。他后来的研究又补充增加了服务奉献型职业锚（service /dedication to a cause competence）、挑战型职业锚（pure challenge competence）和生活型职业锚（lifestyle competence）。

8.2 员工职业生涯规划与管理

1. 员工职业生涯规划的概念

员工职业生涯规划是指根据对员工自身的主观因素和对客观环境的分析，结合员工的发展需求，确立职业生涯发展目标，制定本组织的职业需求战略、职业变动规划与职业通道，并采取必要措施加以实施，以实现组织目标与员工职业生涯目标相统一。

2. 员工职业生涯规划步骤

1）明确组织现阶段人力资源发展规划

人力资源发展规划是组织根据自身发展战略目标设定的，组织通过预测在未来环境变化中人力资源的供给和需求情况，制定基本的人力资源获取、使用以及维持、开发策略。

2）构建组织职业发展通道

组织在明确当前阶段人力资源发展规划后，应根据人力资源发展规划的需求，考虑现有人力资源情况，设计适合本组织的职业发展通道。构建职业发展通道是组织进行职业生涯规划不可或缺的工作。

3）制订员工职业生涯管理制度规范

制定健全、有效且可执行性高的员工职业生涯管理制度和规范，是确保职业生涯管理目标顺利达成的必备条件，可确保有效实现优秀人才的筛选并正确引导员工行为改变。

4）实现员工基本素质测评

进行员工基本素质测评的目的在于掌握组织员工的能力、个性倾向与职业倾向，通过记录员工基本信息与工作状况信息，为职业生涯目标的设立提供参考。

5）确定并实施员工职业生涯规划

组织根据职业发展通道，参考员工素质测评结果，与员工一同填写职业生涯规划表，并通过培训、轮岗、绩效考核等人力资源活动，帮助员工逐步实现职业生涯规划表中所列的目标。

6）对职业生涯规划进行反馈与评估

在员工职业生涯规划的实施过程中，应及时听取员工对职业生涯规划的有效反馈，人力资源部根据反馈信息，对组织职业生涯规划的实施进行有效评估。

7）修正完善职业生涯规划

人力资源部门针对职业生涯规划评估过程中发现的问题，提出改进和完善的建议及举措，经高层决策者同意后，及时修正职业生涯规划的制度和规范。通过制度与规范的修正与完善，人力资源部门可以及时纠正员工最终职业目标与阶段性职业目标的偏差，增强员工实现职业目标的信心。

3. 员工职业生涯管理

1）职业生涯早期管理

在这一阶段,员工将认真地探索各种可能的职业选择。他们试图将自己的职业选择与他们对职业的了解以及通过学校教育、休闲活动和个人工作等途径中所获得的个人兴趣和能力匹配起来。处于这一阶段的员工还必须根据可靠信息来做出相应的决策。

职业生涯早期管理存在的问题有：

（1）团队人际关系的冲击。

（2）新雇员可能无法立刻获得上司的信任与重用。

（3）组织成员对新雇员心存偏见和嫉妒。

职业生涯早期管理对策包括：

（1）掌握职业技能，学会如何工作。

（2）适应组织环境，学会与人相处。

（3）正确面对困难，学会如何进步。

2）职业生涯中期管理

这一阶段是大多数员工职业生涯的核心部分。员工通常愿意（尤其是在专业领域）过早地就将自己锁定在某一已经选定的职业上，然而，在大多数情况下，这一阶段的员工仍然需要不断地尝试与自己最初的职业选择所不同的职业角色。通常情况下，在这一阶段的员工不得不明确自己的需求、目标，以及为了达到这一目标需要做出多大的牺牲和努力。

职业生涯中期管理存在的问题有：

（1）可能缺乏明确的组织认同和职业认同。

（2）现实与职业理想的不一致。

（3）工作状况发生下滑。

职业生涯中期管理对策包括：

（1）保持乐观的心态与进取的精神。

（2）正确面对新的职业角色。

（3）维护职业、家庭和自我三者的平衡。

3）职业生涯末期管理

在这一阶段，员工的健康状况和工作能力都在逐步衰退，职业生涯接近尾声。员工需要接受权力和责任减少的现实，学会接受新角色，学会成为年轻员工的良师益友，再接下去，就是几乎每个人都不可避免地要面对的退休。这时，人们所面临的选择就是如何去打发原来用在工作上的时间。

职业生涯末期管理对策包括：

（1）学会接受和发展新的角色。

（2）学会接受权力、责任和中心地位的下降。

（3）学会应对职务“空巢”问题。

（4）回顾自己的职业生涯，着手工作交接。

小专栏 8-2

张师傅的心结

张师傅是 TL 烟草公司生产一线的一名工人，主要负责烟叶的现场生产工作，至今已有 30 年的工作经验，是一位资深的老师傅。生产卷烟虽然看起来比较简单，但一般需要多个工序以及加料、加香等特殊工艺。张师傅学历较低，只有初中毕业，进公司后一直从事烟叶生产工作，工作岗位 30 年中一直没有变动过。由于烟站的林站长已到退休年龄，张师傅就很想接替林站长的位置。他认为自己在这个岗位已工作多年，拥有丰富的一线工作经验，对生产流程及管理工作非常熟悉。他了解周围工人的状况，与同事们及林站长的关系也较好。私下里他曾经与林站长进行过沟通，林站长从个人角度出发也支持他接替自己的位置。另外，他还有一个非常实际的考虑，自己已经 47 岁，体力与精力开始出现滑坡，在一线从事体力劳动已经逐渐显出力不从心，而争取到站长的位置后，他就可以脱离一线的体力劳动，进而实现从工人岗位到管理岗位的转变，收入也可以有一定比例的提高。但是，公司考虑到干部年轻化的政策，以及工人岗位不得转为管理岗位的组织规定，任命了一名年富力强的生产技术员为新站长。张师傅认为自己年纪虽然有点大，但新任站长过于年轻，缺乏经验，所以新站长任命后很长一段时间都想不通。这对他而言是最后一次脱离体力劳动的机会，失去这次机会就意味着这一辈子就只能干这一项工作直至退休。为了脱离枯燥乏味的工作，他找到了公司主管生产的领导，请求调离原来的操作工作岗位，去尝试别的岗位，变化一下工作内容。但是公司领导考虑到他的年龄偏大，转到其他岗位还要从头进行实操培训，要花费大量的培训资源，而且还影响现在的烟草生产效率。且现在其他岗位也没有空缺，年轻的操作工人工作量还不够饱满。因此，分公司领导没有同意对其工作岗位进行调整。问题没有得到解决，虽然领导多次进行劝导，但张师傅的心结一直没有打开，最近对工作越来越没兴趣，越来越不积极，人也颓废了很多。

8.3 组织职业生涯管理

1. 职业生涯管理中的三方责任

1）员工本身的责任

对员工职业生涯规划负主要责任的是员工自身。员工在职业生涯制订中需要承担以下责任：

（1）制订自身的职业计划，确定自己的兴趣、技能和价值观。

（2）寻求职业信息和资源，确定职业发展目标和职业生涯规划。

（3）利用机会，与管理者探讨自己的职业生涯规划，将具有现实意义的职业生涯规划坚持到底。

当然，制订职业生涯规划是一项非常有难度的工作，如果缺乏专业的指导，员工将很难制订出适合自己的职业生涯规划。因此，组织可以聘请专家来提供指导帮助。

2）管理人员的责任

管理人员在推进员工职业生涯规划方面发挥着重要作用，他们负责向员工说明制订职业生涯规划的程序，评价和讨论员工的职业生涯规划。管理者在职业生涯管理中主要承担如下责任：

（1）为员工定期提供业绩反馈。

（2）为员工提供发展机会。

（3）参与有关职业生涯发展的讨论，支持员工的职业生涯发展计划。

3）组织的责任

在员工的职业生涯规划中，组织的责任是制订相关制度规范和向员工传递组织内所存在的职业选择信息。具体包括：

（1）保证组织有效沟通，制订职业生涯管理的政策和规范。

（2）为管理者和员工提供有针对性的培训和开发机会。

（3）提供不同的职业发展机会与职业生涯咨询。

2. 组织职业生涯管理的基本内容

组织职业生涯管理就是从组织的角度出发，为使员工不断满足组织的要求，向员工提供职业需求信息与职业提升策略，主要包括如下方面：

1）组织发展目标的宣传教育

组织通过刊物、会议等宣传渠道，让员工了解组织的发展目标；使员工对组织的目标产生认同，建立使命感；激发员工积极性，为完成组织目标而奋斗。

2）建立员工资料档案

档案资料包括员工个人的基本情况，如性别、学历、工作经历、训练记录、任职记录、工作绩效评估与考核等，其可作为员工培训的重要参考资料。

3）设立员工职业生涯发展评估中心

大型企业可在组织内设立职业生涯发展评估中心，对员工进行评估。

4）人力资源管理活动的配合

需要与职业生涯管理工作紧密结合，如确定员工的职业生涯路径、进行岗位轮换、领导候选人培训，以及制订人力资源供需与调配计划等内容。

5）建立奖赏升迁制度

建立奖赏升迁制度是满足员工物质与精神需求的重要手段，也是激励员工的主要方式。人事部门的多种升迁渠道，包括行政管理岗位、技术职务、实职领导岗位等，可以使员工的职业目标得以实现，以此提高员工的整体素质，调动他们的积极性。

6）加强员工的训练和教育

加强员工训练有利于提高员工的工作技能，满足当前工作的需要，也有利于培养组织未来发展需要的人才。

3. 组织职业生涯规划与管理的步骤

组织职业生涯规划与管理的实现，需要建立在下列五个前提之上：

（1）组织决策层具备相关管理理念。

（2）管理层具备推动职业生涯管理的知识和动力。

（3）组织员工具有较高的职业生涯管理需要。

（4）员工相信组织推行职业生涯管理的诚意。

（5）组织政策和制度的系统化、柔性化程度高。

在满足上述五个前提条件的基础上，组织职业生涯的规划与管理工作应按照以下步骤开展：

1）明确组织当前阶段的人力资源发展规划

人力资源发展规划是组织根据自身发展战略目标而定的。组织通过预测自身在未来环境变化中人力资源的供给和需求情况，制订基本的人力资源发展规划，以及人力资源维持和开发的相关策略。

2）构建组织职业发展通道

组织在明确人力资源发展规划后，应根据人力资源发展规划的需求，考虑现有的人力资源状况，设计适合本组织的职业发展通道。

3）制订员工职业生涯管理制度和规范

制定健全、有效以及可操作性强的员工职业生涯管理制度与规范是确保组织职业生涯管理目标顺利达成的必要条件。

4）进行员工基本素质测评

进行员工基本素质测评的目的在于掌握员工的倾向、个性倾向与职业倾向，并为员工职业生涯目标的设立提供参考。

5）确定员工的职业生涯规划表

组织根据员工职业发展通道的相关情况，参考员工素质测评结果，同员工一起填写职业生涯规划表，并明确员工职业选择、职业生涯路线以及职业生涯策略等主要内容。

6）实施员工职业生涯规划

实施员工职业生涯规划指的是组织通过培训、轮岗、绩效考核等人力资源活动，帮助员工逐步实现职业生涯规划所列目标的过程。

7）进行职业生涯规划反馈和评估

组织在职业生涯规划的实施过程中，应及时听取相关员工对职业生涯规划的有效反馈，以便进行有效的评估。

8）修正和完善职业生涯规划

人力资源部门针对职业生涯规划评估过程中发现的问题，提出改进和完善的建议与举措，经决策层同意后，及时修正制度和规范，增强员工实现职业目标的信心。

本章小结

本章主要介绍了职业生涯管理的相关内容，系统梳理和讨论了职业生涯管理的概念、特征、作用、主要内容以及相关理论，并阐述了组织职业生涯规划与管理的步骤与基本内容。

复习与思考

（1）什么是职业生涯管理？

（2）企业在职业生涯管理中扮演着什么角色？

（3）职业生涯规划的侧重点是什么？

课后案例

计算机公司的招聘难题

彼得·盖特是计算机公司人力资源部的主任，这一天他兴奋地对计算机应用中心的主任德瑞克·哈尔说：“你不是一直让我寻找一个能为你们的运营增加技术力量的工程师吗？我已经找到了一个，加州大学计算机系的毕业生莎利·费琼女士，成绩全A，很有抱负，对计算机科学很感兴趣，并对计算机的技术应用富有创造性构想，渴望在计算机行业工作。我将她带来面试，相信你会雇用她。”盖特继续说，“这是好消息，坏消息是她和她丈夫马克想在同一家公司工作。马克主修市场营销，是个运动员，在州立大学打了四年的篮球。我见过他，很有个性，平均成绩为C。我认为他没有什么特别的才干，估计我们公司的市场营销部会直接淘汰他。但是，如果我们想雇用莎利，就必须为马克找一份工作。”莎利和她的丈夫马克的面试结果正如盖特所预测的那样，人人都对莎利留下了深刻的印象，因为她为这次面试做了充分的准备，并指出了公司在应用系统开发方面的技术缺陷，她对产品运作模式的见解更是引人深思。但另一方面，她的丈夫在面试中表现得很糟糕，除了篮球以外，对其他一无所知。此外他的耳环和马尾式的发型以及服饰风格与公司保守的气氛并不吻合。面试的结果是公司为莎利提供了极富吸引力的报酬，但拒绝了马克。莎利则直率地拒绝了公司的提议，他们夫妻将继续寻找能在同一家公司工作的机会。

（资料来源：https://wenwen.sogou.com/z/q202363475.htm.）

思考题

（1）该公司是否应该为留住莎利这样一个有价值且受过良好培训的员工而为表现一般的马克寻找或创造一份工作？为什么？

（2）当公司把莎利和马克安排在不同的工作岗位时，管理人员是否应该预测到职业道路不同而导致的问题？

（3）公司应该如何解决双职工的职业发展问题？你有什么更好的办法吗？

延伸阅读

3M公司的职业生涯体系

明尼苏达矿业与制造公司（Minnesota Mining and Manufacturing Company，3M）是全球著名的一家美国公司，拥有超过55 000种产品，包括黏合剂、研磨剂、电子产品、显示产品以及医疗产品等。

3M公司的管理层始终尽力满足员工职业生涯发展方面的需求。从20世纪80年代中期开始，公司的员工职业生涯咨询小组一直向个人提供咨询、测试和评估，并举办公开研讨班。公司通过人力资源分析，采集有关职位稳定性和个人职业生涯潜力的数据，通过电脑进行处理，然后用于内部人选的提拔。

为更好实现公司需求与员工需求之间的平衡，有效协调员工职业生涯发展过程中的各种关系，精准实现员工评价与人力资源规划，3M公司设计了员工职业生涯管理体系，其具体包括以下几个方面的内容：

（1）职位信息系统。根据员工民意调查的结果，3M公司于1989年年底开始试行了职位信息系统。员工们的反应非常积极，人力资源部、一线部门及员工组成了专题工作小组，进行了为期数月的规划工作。

（2）绩效评估与发展过程。该过程涉及各个级别（月薪和日薪员工）和所有岗位的员工。每一位员工都会收到一份供明年使用的员工意见表。员工填入自己对工作内容的看法，指出主要的改进方向和期待。然后员工们与自己的主管一起对这份工作表进行分析，就工作内容、主要改进方向和期待以及明年的发展达成一致。在第二年中，这份工作表可以根据需要进行修改。到年底时，主管根据讨论确定的工作内容及改进方向完成绩效评估工作。绩效评估的过程促进了3M公司主管与员工之间的交流。

（3）个人职业生涯管理手册。公司向每一位员工发放一本个人职业生涯管理手册，它阐述了员工、主管和公司在员工职业生涯发展方面的责任，还明确提出公司现有的职业生涯发展资源，列明员工对职业生涯主要关注的问题。

（4）主管公开研讨班。为期一天的公开研讨班有助于主管们了解自己所处的职业生涯管理环境，同时提高他们的领导技巧及对自己所担任的各类角色的理解。

（5）员工公开研讨班。员工公开研讨班提供了个人职业生涯指导，强调进行自我评估、确定目标和制订行动计划，以及平级调动的好处和职位晋升的经验。

（6）一致性分析及人员接替规划。集团副总裁会见各部门的副总经理，讨论其下属的业绩情况和潜能。然后管理层也会召开类似的会议，与此同时制定人员接替规划。

（7）职业生涯咨询。公司鼓励员工主动同自己的主管商谈个人职业生涯的问题，公司同时也为员工提供专业的个人职业生涯咨询。

（8）职业生涯项目。作为内部顾问，员工职业生涯管理人员会根据员工兴趣研发一些项目，并将它们在全公司推出。

（9）学费补偿。这个项目报销与员工当前岗位相关的培训费用，以及与个人职业生涯相关的学位项目的全部费用。

（10）调职。撤销职位的员工自动进入个人职业生涯过渡公开研讨班，同时还会接受具体的咨询。根据管理层的要求，公司还为解除聘用的员工提供外部新职介绍。

（资料来源：http://www.jakj.com.cn/anli/14991.html）

思考题

根据以上案例：

（1）对 3M 公司职业生涯管理体系进行点评。

（2）结合职业生涯管理的具体内容，对 3M 公司职业生涯管理的具体措施进行分析。

下篇

实训部分

实训项目 1

培训需求信息搜集

实训目的

培训需求信息搜集是培训需求分析的首要步骤，它是人力资源培训部门通过访谈、问卷调查、小组讨论等方法收集各部门员工的培训需求的行为。

实训所要达到的目的有：

（1）掌握培训需求信息的收集方法并熟悉各种方法的优缺点。

（2）学会设计培训需求调查问卷。

实训步骤

（1）阅读资料，然后进行小组讨论，如果你是朗宇教师进修学校负责培训工作的人员，你会如何进行培训需求调查并填写小组讨论情况表。

（2）比较各种培训需求调查方法的优缺点，填写表格。

（3）模拟培训需求调查。各小组进行角色扮演，一方扮演培训机构调查人员，另一方扮演新进小学教师，根据设计好的访谈问卷，进行模拟访谈调查。

实训报告

实训报告应体现以下内容：

（1）完成小组讨论表、培训需求调查方法对比表。

（2）设计培训需求调查问卷、培训需求访谈问卷。

（3）一份访谈调查报告，字数为 800 字。

评分要点

（1）小组讨论表内容完善。

（2）培训需求调查方法对比表内容准确。

（3）培训需求调查问卷与访谈问卷设计合理。

（4）调查报告内容完整，逻辑合理。

实训资料

【资料 1】

根据教育部《关于开展中小学新教师试用期培训的意见》的通知精神，为切实做好今年新教师岗前培训工作,使新教师树立正确的教育思想观念,形成良好的职业道德和敬业精神，掌握教育教学基本知识和技能，H 小学打算对新教师进行上岗前培训，朗宇教师进修学校承担培训任务，并制定新教师岗前培训实施方案。按照“先培训，后上岗；不培训，不上岗”的原则，加快新教师的成长步伐。H 小学希望通过进修学校的培训，使新教师更新教育理念，提升师德修养水平；学习班级管理方法，提高班级管理能力；树立正确的课堂观、学生观、教师观和评价观，尽快适应新课程教学；初步掌握教学新方式、新技能、新手段，形成新的教育教学能力，缩短新教师的角色转换期。

【资料 2】

表 1　员工培训需求调查问卷

一、基本信息					
姓名		性别		年龄	
部门		岗位		入职时间	
二、对以往培训的感知（可多选）					
1. 以往参加的培训		A. 自己要求　B. 企业要求　C. 自费学习			
……		……			
三、感兴趣的培训方式					
内部培训		A. 课堂讲授式　B. 角色扮演　C. 小组讨论 D. 其他，请注明			
外部培训		A. 专业机构培训　B. 院校合作　C. 其他，请注明			
四、对未来培训的建议					
1. 关于培训					
……		……			

【资料 3】

表 2　人物访谈清单

访谈对象：　　　　　　访谈时间：

员工特别出色的知识、技能表现	
员工特别需要学习的知识和技能	
员工对现职的投入度与关心度	
员工过去的成就或担任的职务	
对今后的员工培训的意见	
其他需要说明的内容	

【资料 4】

表 3　小组讨论情况表

<table>
<tr><th colspan="2">小组讨论提纲</th></tr>
<tr><td colspan="2">讨论目的：如何进行培训需求调查</td></tr>
<tr><td colspan="2">讨论地点：</td></tr>
<tr><td colspan="2">讨论时间：</td></tr>
<tr><td colspan="2">参加讨论的人员：</td></tr>
<tr><td>姓名</td><td>学号</td></tr>
<tr><td></td><td></td></tr>
<tr><td colspan="2">讨论的问题</td></tr>
<tr><td colspan="2">（1）培训需求调查用什么方法？</td></tr>
<tr><td colspan="2">（2）调查问卷如何设计？</td></tr>
<tr><td colspan="2">（3）如何进行访谈？</td></tr>
<tr><td colspan="2">讨论总结</td></tr>
<tr><td colspan="2">1.
2.
3.</td></tr>
</table>

【资料 5】

表 4 培训需求调查方法对比表

调查方法	简单说明	优点	缺点
访谈法	1. 确定访谈对象和人数 2. 按提纲进行访谈，注意调节气氛和控制过程		
问卷调查法	1. 了解事项并将相应事项转化成问题 2. 设计问卷 3. 在小范围内试答、修改 4. 发放问卷，实施调查 5. 回收问卷并进行分析		
观察法	在非正式情况下，观察技术的操作和工作的开展情况		
小组讨论法	选择有代表性的小组成员，注意调节讨论气氛和控制过程		

实训项目 2

培训需求分析报告编写

实训目的

培训需求分析是培训工作的前提，它是在规划与设计培训活动之前，由培训部门、主管人员、工作人员等采用各种方法与技术，对各种组织及其成员的目标、知识、技能等进行系统的鉴别与分析，确定是否需要培训的一种活动或过程。它是培训工作的起点，是培训工作有目标、有计划、及时有效的重要保证。

实训所要达到的目的有：

（1）掌握培训需求分析的主要内容、步骤及方法。

（2）学会撰写培训需求分析报告。

实训步骤

（1）阅读资料 1，然后进行小组讨论，完成组织分析表格；

（2）分组讨论该公司所拥有的培训资源，比较内部培训与外部培训的优缺点；
（3）阅读资料 4，对公司类金融业务人员进行分析；
（4）阅读资料 5，确定会议资料，完成任务清单；
（5）完成培训需求分析报告。

实训报告

实训报告应体现以下内容：
（1）组织分析表格。
（2）阅读资料，进行人员分析。
（3）阅读资料，完成任务分析清单表。
（4）培训需求分析报告。

评分要点

（1）较好完成组织分析、人员分析、任务分析。
（2）培训需求分析报告内容齐全。

实训资料

【资料 1】

XX 银行 A 分行培训需求分析

XX 银行股份有限公司是全球市值最大、客户存款第一和盈利最多的上市银行。它通过 17 125 个境内机构、383 个境外机构和 1 771 个代理行以及网上银行、电话银行和自助银行等分销渠道，向 438 万公司客户和 3.93 亿个人客户提供广泛的金融产品和服务，银行业务跨越六大洲，境外网络扩展至 39 个国家和地区，基本形成了以商业银行为主体，综合化、国际化的经营格局，在商业银行业务领域保持国内领先地位。同时，XX 银行持续推进公司金融业务转型，不断优化经营结构，并推行产品全面营销与综合金融服务，推进商业银行与投资银行业务的互动发展，满足客户多样化的金融服务需求。此外，XX 银行加强了产品的创新，加快发展资产管理、委托管理、代客交易、承销与咨询、代理销售等金融资产服务业务；借助全球服务网络和境内外一体化科技平台，推广全球现金管理、跨境人民币业务，提升全球服务能力和品牌国际影响力；推进营销体系创新，实现客户差别化服务，提高对重点客户的营销服务水平，拓展中小企业客户，扩大客户基础。XX 银行股份有限公司 A 分行是 XX 银行的一个一级分行。近年来，A 分行在“经营效益”“核心业务”“资产质量”“品牌形象”和“内控案防”等方面实现了持续提升，贷款、存款、中间业务收入、经营利润以及资产质量等主要经营指标均实现了成倍增长，不到 3 年时间就顺利实现了“再造一个 A 分行”

的经营目标。

公司类金融业务是商业银行公司类贷款等核心业务产品与交叉营销的非贷款类业务产品有机结合的综合性业务。它所形成的利息收入、中间业务收入是商业银行利润的主要来源。目前A分行公司类金融业务人员的知识、技能与预期特定工作的需要存在着明显差距，可能无法应对即将发生的内、外部经营环境变化，需要通过培训来进一步优化他们的各项能力，从而提高企业的竞争力。这些即将发生的环境变化主要包括以下几个方面：

首先，近期陆续出台的一系列国家级、省级区域发展战略，均覆盖该分行所在市，这将会给该分行的公司类贷款业务提供广阔的发展空间。同时，承接产业转移示范区的建设和该分行所在市的经济整体发展，将会给商业银行业务的全面发展提供机遇。产业转移会带来大规模的项目融资和技术更新等金融业务需求；大规模产业升级、产业转移会带动众多中小产业群对于金融服务，包括新业务的需求；另外，产业转移带来的生产性服务业规模的扩大和层次的提升，也会带来相关领域金融需求的迅速增加。这就需要A分行的营销人员掌握相关政策，提高自身对金融产品的认识，敢于创新，参与推出符合这些企业需求的新产品，并用优秀的人际交往能力完成销售。

其次，A 分行发展战略的转变对一线营销人员的能力提出了新的要求。为了实现新的发展战略，即抓住承接产业转移示范区建设的机遇，扩大A分行市场占有率，提高销售业绩。营销人员必须重点关注开发区、工业园和共建园区，收集相关企业的信息并做好分析，积极开展业务，努力发展公司类项目贷款。同时，充分利用承接产业转移示范区建设等一系列国家级、省级区域发展战略带来的叠加性政策优惠，对各类用户进行有针对性地开发和维护，使整体业务迅速发展、效益不断提高。为保证总体发展战略目标的实现，A 分行一线营销人员必须努力学习相关政策，提高认识，使自己具备开发信贷业务的能力；进一步提高自身的综合素质，增强业务能力；拥有较强的信息处理能力，能够将企业客户进行分类管理，并实时更新，录入公司系统；加强培养创新意识，实现信贷业务产品的创新。A 分行公司业务部主要负责全行公司金融业务的市场营销、客户管理和服务管理。同时，还需要组织开展公司客户贷款、委托代理、委托理财等业务，负责协调行内相关资源，为公司客户提供一站式服务和一揽子解决方案。

A 分行要求营销人员能够积极开展各类客户信息的收集、整理和分析，参与全行公司业务发展战略和营销策略的实施。同时，还需要开展公司客户的直接营销，参与公司客户的联合营销，并负责公司类业务的咨询。营销人员另一项重要的工作是参与总行直接营销的公司类客户的贷前调查、贷中管理、贷后检查和收贷收息，以及其他各种金融产品与服务的综合营销。此外，还需要积极进行公司类客户市场需求的研究，提出金融产品的开发建议，参与市场调查，进行新产品的设计、开发和测试，并提交立项申请。其他工作还包括信贷信息系统的维护、重要客户的定期回访、学习国家的各种政策以及银行行业政策等。

公司类金融业务人员的素质状况如何，将决定着A分行总体发展战略目标能否得以顺利实现。然而，现实中公司类金融业务人员的素质还不能满足业务发展的需要。主要体现在以下几个方面。

（1）办事效率不高。效率问题说到底，还是从业人员的知识、技能、行为和素质问题。比较典型的是2009年上半年，A分行某一县支行一笔不动产抵押项下的流动资金贷款，历时三个月尚未完成。其直接原因是：基层营销人员往往不能一次性完整、准确地采集需要借款申请人提供的有关申请资料，导致资料需要不断补充，以致未能在总行规定的时间内完成与评级、评估、授信等有关的贷款调查工作。同时，受人员素质影响，调查工作出现一些瑕疵，又使得评级、授信的资料审查，以及后续的审批和签批工作，无法在总行规定的时间内完成。

（2）营销人员缺乏创新力。营销人员对于产品创新不够重视，导致A分行业务范围受限，发展速度较慢。产品创新是商业银行可持续发展的内在动力之一，也是商业银行核心竞争力的有机组成部分。无论是产品创新，抑或创新产品的推广均离不开营销人员的创新能力和意识。而受业务人员创新意识的限制，A分行的业绩明显低于同地区其他银行。以小企业融资业务为例，目前A分行仍然还局限于不动产抵押项下的一般流动资金贷款和贸易融资贷款。这明显落后于所在地的其他商业银行。实际上，A分行营销人员的创新能力在全国XX银行系统中也处于落后的位置，创新公司类金融业务产品在有些行已经取得了较快进展。如山东分行的“小企业信用担保协会会员联保贷款”、浙江分行的“易融通、商贷通”、上海分行的“小企业动产质押融资”、广东分行的“车融通”，以及云南分行的“物流通”等，总行也在全系统进行了发布，意在推广这些业务。然而由于营销人员不足的创新能力，A分行至今尚未取得实质性进展。

（3）公司类金融业务人员的综合业务素质总体不高。综合业务素质是指从事公司类金融业务的工作人员所必须具备的思想品德、智能、技术与知识等，它是公司类金融业务人员优质、高效地完成工作任务所必须具备的条件。专业技能包括三个方面：一是公司金融业务的有关政策、制度、规定，以及融资业务的操作流程；二是核心资产业务的主要产品；三是营销技巧，包括现实客户资源的深度挖掘和目标客户营销的技术和方法。专业基础知识主要指的是除了信贷专业知识以外的，诸如统计、财务会计、金融、经济活动分析等支持专业技能的基础型知识；文化基础知识指的是哲学、社会学、心理学、逻辑学、公共关系，以及语言文字方面的素养。上述办事效率、产品创新等方面存在的缺陷，也正是公司类金融业务人员的综合业务素质不高的集中体现。

公司目前的培训资源情况如下：

1）内部培训资源

在员工培训方面，XX 银行有很完善的内部培训体系，不管是初入职场的新手、还是资深老员工，不管是土生土长的国内员工、还是来自不同国家的外籍雇员，都可以接受有针对性的培训。这些培训经过多年的实践和优化，可以完善员工们的知识结构，提高技能水平，以此来提高客户服务水平，实现改善银行绩效与个人职业发展的双赢。针对一线营销员工，XX 银行则主要以提升客户经理营销技巧和实战能力为重点，通过总行面授示范、分行培训和远程网络培训相结合的模式进行，培训内容主要包括营销技能、客户关系维护以及组合产品营销等。

2）外部资源培训

由于缺乏时间和专业能力，公司选择从咨询者那里购买培训项目。除内部培训之外，XX 银行各分行都有自主选择外部咨询公司对员工进行培训的权利。这些咨询公司的咨询顾问均来自国内外各大银行，具备金融从业经历、金融管理咨询经验、金融专业 MBA 或博士以上教育背景。与内部培训相比，外部培训可以使得这些一线的营销人员学习到其他银行比较好的方法和技能，了解行业整体走向。但是，咨询公司很多，挑选适合 A 分行的需要花费比较长的时间，而且成本较高。

近期陆续出台的一系列国家级、省级区域发展战略，均覆盖 A 分行所在市，这将会给 A 分行的公司类贷款业务发展提供广阔的空间。A 分行经理召集业务骨干举办了战略目标会议，会议中，经理认为 A 分行的主要重点是市场拓展和产品创新，需要根据外部的情况调整现有的产品，开发新型产品，并大力发展新客户，挖掘老客户的新需求，这就要求业务人员能够准确处理潜在客户信息，与客户保持良好沟通，顺利开展业务，所以营销人员培训的重点包括沟通能力、创造性思维、分析能力、营销技巧和谈判能力这几方面。

【资料 2】

表 1　组织分析

	分析层次	具体情况
组织分析	组织目标分析	
	组织资源分析	
	组织的战略变动	

【资料3】

表2　内部培训方式与外部培训方式的比较

培训资源类别	优点	缺点
内部培训		
外部培训		

【资料4】

在A分行的培训需求分析会上，包括培训主管部门工作人员，目标岗位员工代表及其上级主管、同事代表，外部专家以及客户代表在内的20名与会成员，讨论了能够影响培训效果的几种员工特征，具体情况如图1所示。

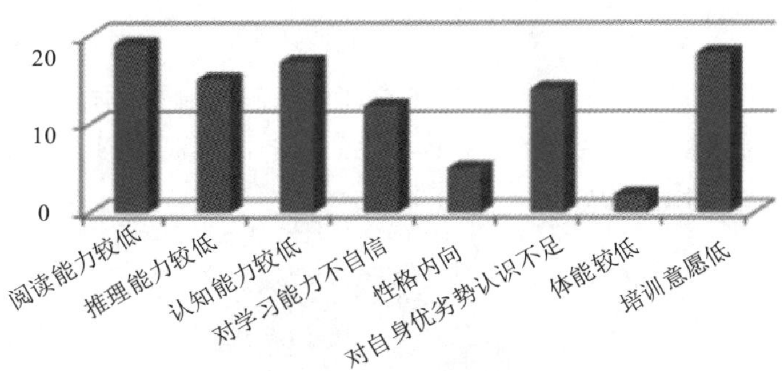

图1　影响培训效果的员工特征

A分行为了保证此次培训取得较好效果，专门对上次培训的情况进行了分析。影响培训效果的原因统计如图2所示。

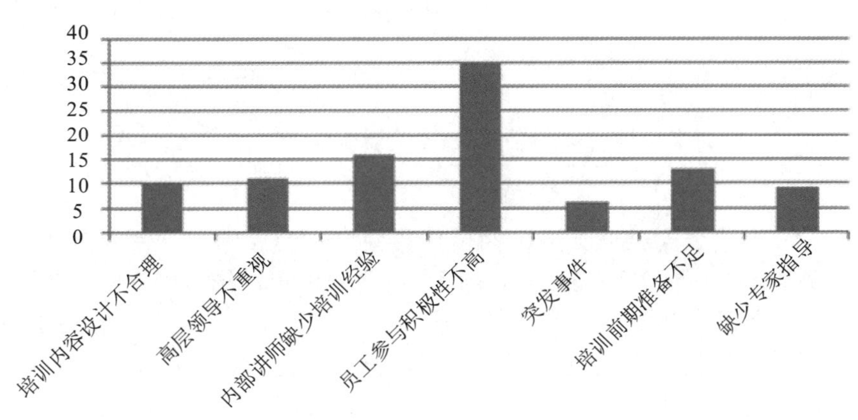

图2　营销人员培训效果影响因素分析

培训需求分析会的与会人员，讨论了影响培训效果的因素，统计结果如图 3 所示。

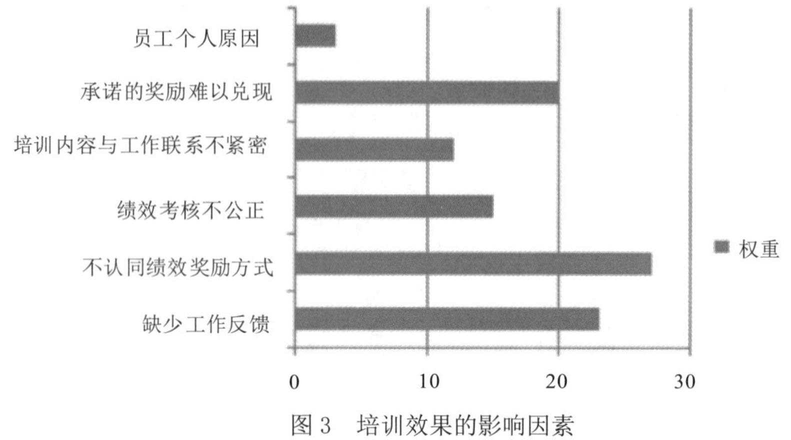

图 3　培训效果的影响因素

A 分行对所有的一线营销人员做了培训前的问卷调查，共 20 名营销人员参与了这次的问卷调查，对“当员工不满意公司的激励制度时，他们的培训动机是否会降低”这一问题的回答，如图 4 所示。

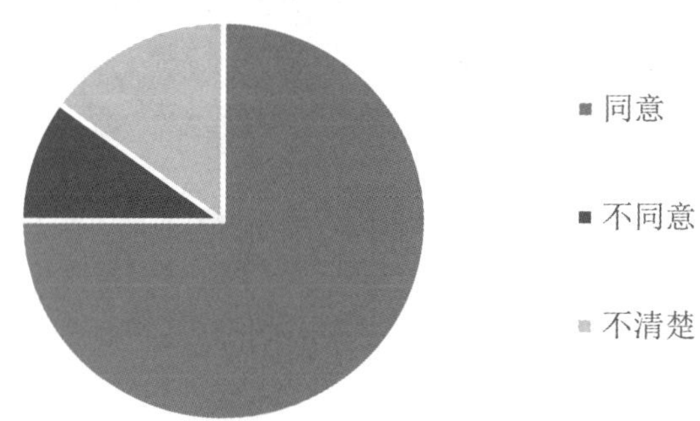

图 4　对于公司激励制度是否会影响培训效果的调查结果

【资料 5】

分行召开了公司类业务人员岗位任务会议。会议中，与会人员认为在制定岗位任务清单时应借鉴 K 银行同类岗位的任务清单，结合银行实际情况以及战略目标和任务。K 银行公司类业务人员的岗位描述比较符合 A 分行的情况，包括：公司类客户的贷前调查、贷中管理、贷后检查和收贷利息，金融产品和服务的综合营销，定期访问客户了解需求、维系良好合作关系，策划公司类客户专项会谈和活动等。对于一个公司类业务人员，最重要的工作是取得相关的客户信息，并有效利用，开展业务，提高业绩。另外 K 银行中与 A 分行日常工作相符的两项重要工作就是在销售前收集、整理、分析潜在客户信息，以及进行市场调研分析，这是 A 分行开展销售工作的基础，只有了解业内现状以及目标客户的动态需求，才能顺利地接触关键人物，进行业务沟通，其他与 A 分行该岗位工作相符的任务还包括战略制定方面的工作，如参与 A 分行业务发展战略和营销策略的商讨。另外，K 银行任务清单中提到的参与讨论新产品的设计、开发和测试方案的制定和新产品的设计、开发和测试，也是日常工作中的重要部分。

现在公司类业务的竞争越来越大，在产品设计上，必须创新，制定最符合企业客户实际情况、最大化企业客户利益的产品。K 银行与 A 分行公司类业务岗位稍有偏差的地方主要是，K 银行的任务清单中提及客户信息的记录与共享，但 A 分行公司类业务人员不仅要负责将收集到的客户信息分类整理，还需要录入 A 分行的 CRM 系统，由上级领导判断等级并将相关资料分享给有关同事。另外，K 银行任务清单没有提及，但是 A 分行公司类业务人员日常必须做的任务还有内勤工作等。

（资料来源：上海踏瑞科技有限公司软件，网址：http://192.168.78.230:31114/）

【资料 6】

表 3　任务清单

任务序号	任务清单	员工应具备的知识、技术、能力 （例：专业知识、创新能力、分析能力、学习能力、语言表达能力、关系处理能力、信息搜集能力）
1	例：公司类客户的贷前调查、贷中管理、贷后检查	
2		
3		
4		
5		
6		

实训项目 3

培训计划编制

实训目的

培训计划是根据全面、客观的培训需求分析，从企业战略出发，对培训时间、培训内容、培训方式、培训师资、学员等进行系统设定。

实训所要达到的目的有以下两方面：

（1）掌握培训计划的意义及内容。

（2）学会编制企业年度培训计划。

实训步骤

阅读资料，然后进行小组讨论，完成年度培训计划表。

实训报告

年度培训计划表。

评分要点

（1）年度培训计划表设计合理。

（2）年度培训计划表内容完整。

实训资料

【资料 1】

成都某机械制造有限公司年度培训计划方案

第一部分　公司现状分析

成都某机械制造有限公司是由 1958 年全国首批兴建的成都某厂机修分厂改制组建而成，经过多年的发展，公司在石油、化工、天燃气设备零件的制造方面拥有雄厚的技术实力和优秀的员工队伍。近年来，随着公司市场占有率的逐步提高，必须从“卖产品”转型到“卖服务”，这就要求各部门提高服务意识，提升服务水平，改善服务质量，打造高素质的服务团队。目前公司各项工作有待进一步细化与深化，很多工作程序需要优化与改进，制度化、程序化、标准化意识淡薄，团队精神与协作观念不强，各级管理人员管理技能与领导水平有待提高。公司虽然一直在开展培训工作，但未建立相关培训体系且投入不够，培训效果评估也未落到实处。公司虽参加了外部培训，但频率过低，很多好的内容未在公司进行再转化与再传播，以至培训效果无法深化与量化。公司领导虽倡导员工通过不断学习来提高个人综合素质与能力，力求打造学习型企业，形成学习型团队，但效果不明显，没有切实的行动计划，员工的全面培训工作并没有展开。

第二部分　2025 年培训工作重点

针对以上问题，结合公司 2025 年绩效制度、生产要求及生产销售计划，2025 年培训工作重点在以下几个方面：

（1）公司培训工作要力争全面覆盖，突出重点，不断丰富培训内容，拓展培训形式，优化培训流程，明确培训目的，提高培训效果。

（2）随着新员工的加入，要做好新员工入职前、上岗中、工作后各项培训与培养工作，帮助他们度过适应期。

（3）要提高员工的职业意识与职业素养，帮助其树立主动积极的工作态度，提升团队合作与沟通的能力，增强敬业精神与服务观念。

（4）针对公司管理人员的管理水平、领导能力等问题开展中层管理人员管理技能提升培训，计划以外训带动内训，培训内容以通用管理理论为主，培训目的以提高管理技能为主，培训方式以加强互动交流为主，以不断提升中层管理人员的管理能力与领导水平。

（5）对于新入职员工，力争在一个月内进行入职培训，培训内容包括公司简介、企业文化、公司规章制度、公司程序文件、员工日常行为规范、员工职能职责等，让新员工快速融入公司环境。

（6）充分利用与整合外部培训资源，对于外部培训、咨询机构提供的具有针对性、实用性的培训课程，要求相关人员积极参与学习，并在公司内部进行分享，扩大培训的效果。

（7）不断完善培训制度与培训流程，加强培训考核与激励，建立培训反馈与效果评估机制，健全培训管理体系。

第三部分　公司培训的实施

1）培训的目的

改善公司各级各类员工的知识结构，提升员工的综合素质，提高和改进员工的工作技能、工作态度和行为模式，以满足公司快速发展的需要，更好地完成公司的各项工作计划。

加强培养公司各级各类员工的职业素养与敬业精神，增强员工的服务意识，提高服务水平，打造高绩效团队，减少工作失误，提升销售额，提高工作效率。

提升公司凝聚力、吸引力、向心力和战斗力，为公司进一步发展储备相关人才。提高公司管理人员的管理意识、管理技能、管理能力与领导水平。完善公司各项培训制度、培训流程，建立系统的培训体系，实现各项培训工作顺利、有效实施。

2）培训的原则

以公司战略与员工需求为主线；以素质提升、技能强化、能力培养为核心；以针对性、实用性、价值性为重点；以区域式培训和持续性培训相互穿插进行；坚持理论与实践相结合、学习与总结相结合；坚持以公司内部培训为重点、内训与外训相结合；坚持理论培训和岗位培训相结合；实现由点、线式培训到全面系统的培训转变。

3）培训的职责

由人力资源中心负责公司的各项培训工作，包括培训制度的拟定、培训体系的建立、培训流程的完善、培训计划的制订、培训通知的发送、培训的组织实施、培训的跟踪与反馈、培训效果的评估与总结等工作。

4）培训计划的制订。

人力资源中心下发年度培训计划通知，对公司培训工作做整体安排，各部门应积极配合与支持。公司各部门的临时培训需求，应提前向人力资源中心说明。

【资料 2】

表 1　企业年度培训计划表

预计日期	培训类别	培训内容	培训对象	受训人数	培训机构	培训方式	培训地点	培训讲师	预期效果	费用预算	备注
	例：新员工培训	例：企业文化规章	例：新员工	例：100	例：人力资源部	例：讲座	例：本企业大型会议室	例：内部讲师	例：了解企业文化		

实训项目 4

培训项目设计

实训目的

培训项目设计是根据企业现状及发展目标，系统制订各部门、各岗位的培训计划。培训项目设计方案包括培训内容、培训方法、培训讲师和学员、培训教材和培训资源的规划和安排。培训项目设计有利于增强项目的可操作性。

实训所要达到的目的有：

（1）掌握培训项目设计的主要内容、步骤。

（2）学会撰写培训项目设计方案。

实训步骤

（1）阅读实训资料1、资料2，完成培训项目目标表；

（2）阅读实训资料4，完成培训计划表（实训资料5）；

（3）阅读实训资料6，完成课程描述（实训资料7）；

（4）比较几种培训方法的优缺点，完成实训资料8；

（5）阅读实训资料9，完成辅助性材料清单（实训资料10）；

（6）阅读实训材料11，比较内外部培训师的优缺点。

实训报告

实训报告应体现以下内容：

（1）培训项目目标。

（2）培训课程计划。

（3）培训课程描述。

（4）培训方法对比。

（5）培训方式选择信息。

评分要点

（1）培训项目设计报告格式正确。

（2）培训项目设计报告内容齐全。

实训资料

【资料 1】

表 1　XX 银行 A 分行培训需求分析表

需求分析实施背景	陆续出台的一系列国家级、省级区域发展战略，均覆盖 A 分行所在的城市，这将会给 A 分行的公司类贷款业务发展提供广阔的空间。同时，承接产业转移示范区建设和该分行所在市的整体经济发展，将会给商业银行的全面业务发展提供机遇
开展需求分析的目的和性质	国家政策及示范区建设为 A 分行带来了发展的机遇，公司要求全体一线营销人员能够掌握和利用客户信息，并用差异化的产品抢夺客户资源。公司希望一线营销人员能够通过培训掌握收集、录入和深度挖掘潜在客户、目标客户和现实客户的资料的技巧；并且对信贷业务创新有想法并能够参与公司类贷款业务产品创新、以及公司类贷款有关的交叉营销产品创新的过程中去。对于一线业务人员而言，他们需要学习与公司类贷款业务有关的专业基础知识以及国家的产业、行业和信贷政策；并提高职业道德和职业操守。而为了更好地完成业绩，一线营销人员需要进一步提升营销技巧并培养贷款评级、授信、贷款调查环节中的资料审阅、实地调查、分析判断、撰写调查报告、提出评级授信和贷款方案等关键事项的基本技能
概述需求分析实施的方法和过程	先由领导层召开会议，讨论现阶段 A 分行发展战略及外部环境对一线营销人员能力的要求，并通过测评业务人员当前的各项能力，找到的不足之处，总结需要提升的能力列表；再由培训主管部门工作人员，目标岗位员工代表及其上级、同事代表，外部专家以及客户代表共同开会讨论分析现阶段 A 分行一线营销人员应具备的能力；最后，由员工本人结合本身职业发展及自身特点提出所需培训的能力
阐明分析结果	现在 A 分行一线营销人员信息收集、推断分析能力不足，导致调查工作存在瑕疵，贷款业务以及其他相关业务的处理效率比较低。并且由于招聘时要求过低，相当一部分营销人员语言表达和关系处理能力欠缺，无法准确了解客户需求，造成业务量增长缓慢。另外，A 分行产品因缺乏差异性而不具备竞争力，营销人员急需加强创新能力的培训从而有能力参与产品改进及销售策略讨论
解释、评论分析结果和提供参考意见	由于国家颁布了一些促进该地区企业发展以及产业转移的政策，一线营销人员需要了解这些政策并利用这些政策来发展自己的业务；同时，为了解决公司类业务处理效率较低的问题，A 分行必须加大对营销人员的综合业务能力的培训；再者，面对诸多强大的竞争者，产品和销售手段都需要进行创新，这对营销人员的创新能力也有很高的要求
报告提要	根据外部环境变化，如国家促进该地区企业发展以及产业转移政策的颁布，依照公司设定的重点发展公司类贷款以及与其有关的交叉营销业务的战略，通过培训主管部门工作人员，目标岗位员工代表及其上级、同事代表，外部专家以及客户代表共同开会讨论以及全体目标岗位员工填写相关问卷得出：公司层面要求一线营销人员提高市场分析及客户信息收集处理能力以及产品创新能力；而 A 分行销售任务要求一线营销人员加强综合业务能力；对于员工自身的职业发展和特点而言，需要加强对一线营销人员进行银行专业知识、国家与地区政策的培训

【资料 2】

尽管不同的培训与开发项目的目标各不相同，但是，任何一个培训与开发项目的目标及其基本构成和格式都是大同小异的。项目目标表明了培训与开发活动的组织者对受训者参与这一活动的基本意图和期望。因此，项目目标就是要明确、具体地阐述清楚受训者在接受培训之后，能够做什么（会什么），在什么条件下做以及做到什么程度。换句话说，项目目标就是关于受训者在完成培训后应该表现出来的行为（行为改变），行为赖以发生的特定环境条件，以及组织可以接受的业绩标准的表述。由此可以看出，一个完整的项目目标包括三个基本的构成要项：行为（能力）表现、行为发生的环境条件以及行为（绩效）标准。

公司类金融业务是 A 分行公司类贷款等核心业务产品与交叉营销的非贷款类业务产品有机结合的综合性业务。它所形成的利息收入、中间业务收入是 A 分行利润的主要来源。近期陆续出台的一系列国家级、省级区域发展战略，均覆盖该分行所在市，这将会给该分行的公司类贷款业务发展提供广阔的空间。同时，承接产业转移示范区建设和该分行所在市的整体经济发展，给商业银行的全面业务发展提供了机遇。

因此，A 分行制订了以公司类项目贷款为主线，以公司类小企业和个人类贷款为两翼的战略目标，充分利用承接产业转移示范区建设等一系列国家级、省级区域发展战略带来的叠加性政策优惠，通过切实有效的措施，在加快发展核心资产业务的同时，带动交叉业务的营销，实现该分行整体业务又好又快地发展和效益不断提高。这就要求 A 分行的营销人员能够积极开展公司各类客户信息的收集、整理和分析工作，参与全行公司业务发展战略和营销策略的制定。同时，还需要开展全行公司类客户的直接营销，参与全行公司类客户的联合营销，并负责公司类业务的客户咨询。营销人员另一项重要工作是参与总行直接营销的公司类客户的贷前调查、贷中管理、贷后检查和收贷收息，以及其他各种金融产品与服务的综合营销。此外，还需要积极进行公司类客户市场需求的研究，提出金融产品开发建议，参与新产品的市场调查、设计、开发和测试，并提交立项申请。其他工作还包括信贷信息系统的数据维护、重要客户的定期回访、学习国家对于企业运营的各种政策以及银行行业政策等。

【资料 3】

表 2　培训项目目标表

作业表现	
评价指标	
环境条件	

【资料 4】

培训课程描述主要是提供培训项目的基本信息，具体包括课程名称、目标学员的基本要求、培训的主要目的、本课程的主要目标、培训时间、场地安排以及培训教师姓名等。

表 3　XX 公司绩效考核与管理培训计划表示例

XX 公司绩效考核与管理培训计划	
项目名称	如何进行有效的绩效考核与绩效管理
课程名称	绩效考核与绩效管理——以战略为导向的企业 KPI 指标体系设计
课程目的	（1）能够明确阐述绩效考核和绩效管理的重要作用； （2）掌握设定绩效考核指标的基本流程； （3）能够准确表达自己在绩效考核与绩效管理中的基本职责
目标学员	各级管理人员
学员规模	16~24 人
前期准备	（1）受训者：整理、收集部门绩效考核管理中存在的问题； （2）培训者：熟悉绩效考核指标设计流程，准备研讨案例
培训教室要求	座位呈扇形摆放
培训师	外部咨询公司人力资源管理专家：XXX

【资料 5】

表 4　“如何实现产品创新和业务量的提高”培训计划

项目名称	如何实现产品创新和业务量的提高
课程名称	创新意识的培养、客户关系管理、营销技巧
课程时间	
课程目的	
目标学员	
学员规模	
前期准备	
培训教室要求	
培训师	

【资料 6】

一份详细的课程计划要设计培训的内容和活动，安排活动的前后顺序，以帮助培训教师顺利完成本课程的教学内容，达到培训的目标。

课程设计的指导思想是要贯彻和体现培训项目的目标，使课程内容能够转化为学员的行为表现和绩效要领。因此，课程设计的第一步是要仔细研究培训项目的目标。通常情况下，为了实现某一具体的培训项目目标，需要安排几个单元的培训课程。也就是说，在这一步要根据项目目标，确定培训课程将分几个单元进行，并确定每一单元的授课主题。

确定课程单元之后，要细化每一单元的授课内容，即要确定每一单元的授课大纲，也就是说，明确每一单元的主要授课内容。

一个明晰的课程计划是培训者用来传递有关培训的基本内容和先后顺序的清单，因此，除了明确该项培训活动的课程名称、学习目的、包含的主题之外，它还需要明确目标学员是谁、培训的时间如何安排、培训活动如何实施，以及其他的一些细节问题。

XX 公司绩效考核与管理培训课程描述示例

项目名称：如何进行有效的绩效考核与绩效管理
课程名称：绩效考核与绩效管理——以战略为导向的企业 KPI 指标体系设计
课程时间：6 小时
课程目的：
（1）能够明确阐述绩效考核和绩效管理的重要作用；
（2）掌握设定绩效考核指标的基本流程；
（3）能够准确表达自己在绩效考核与绩效管理中的基本职责。
目标学员：各级管理人员
前期准备：
（1）学员：整理、收集部门绩效考核管理中存在的问题；
（2）培训者：熟悉绩效考核指标设计流程，准备研讨案例。
培训教室要求：座位按扇形摆放
所需资料：电脑、投影仪、白板、话筒

课程内容	教师角色	学员角色	时间安排
KPI 指标设计的流程和方法介绍	宣讲	聆听	9:00—10:30
休息			10:30—10:45
研讨：如何确定 CSFs	辅导	练习	10:45—11:45
点评	讲解	聆听、修改	11:45—12:00
午餐、休息			12:00—13:00
绩效考核与绩效管理及其结果运用	宣讲	聆听	13:00—14:00

研讨：两者的区别，结果如何运用	辅导	分组讨论	14:00—14:30
休息			14:30—14:45
管理人员在绩效管理中的职责	宣讲	聆听	14:45—15:30
研讨：如何成为一名合格的绩效管理者	辅导、点评	讨论	15:30—16:00
结束	回答问题	提问	

【资料7】

“如何实现产品创新和业务量的提高”课程描述

项目名称：如何实现产品创新和业务量的提高

课程名称：创新意识的培养 客户关系管理 营销技巧

课程时间：×××

课程目的：

目标学员：

前期准备：
（1）学员：集中整理自己在工作中存在的问题和难以克服的困难；
（2）培训者：熟悉国家针对企业贷款的各项政策，了解公司类贷款业务的发展现状，营销人员常见问题以及应对方式。

培训教室要求：座位按教室方式摆放

培训师：×××

课程内容	教师角色	学员角色	时间安排
公司贷款业务各类产品及创新	宣讲	聆听	9:00—10:00
休息			10:00—10:20
客户关系管理	宣讲	聆听	10:20—11:20
CRM 系统操作	辅导	练习	11:20—12:20
午餐、休息			12:20—13:30
贷款类业务流程管理	宣讲、辅导	聆听、练习	13:30—14:50
点评	讲解	聆听、修正	14:50—15:20
休息			15:20—15:40

【资料 8】

表 5　培训方法比较

类型	定义	优点	缺点
讲授法	教师按照准备好的讲稿系统地向学员传授知识、方法。教师是讲授法成败的关键因素		
专题讲座法	形式上与课堂教学法相同，内容上有差异；一般针对一个专题知识，只安排一次培训		
研讨法	规定一个主题；事后评议。关键是排除思维障碍，消除心理压力，让学员轻松自由、各抒己见		
角色扮演法	在一个模拟真实的工作环境中，让学员按他在实际工作中应有的权责来担当角色，模拟性地处理工作事务，从而提高处理各种问题的能力		
工作指导法	由一位有经验的技术能手或直接主管人员在工作岗位上对受训者进行培训，单个的一对一的现场个别培训则称为师带徒培训		

【资料 9】

培训的主要目的是使学员理解学习内容，保持学习的兴趣，并且能够记住所学习的技术和知识。为了达到这一目标，必须了解什么能够帮助人们记忆。学员往往容易记住那些出现频率高的信息（20%听到的，30%看到的，50%看到并听到的，70%做过的）。

因此，为了使培训真正有效，必须让学员能够看、听，并同时让他们参与到课程中，要告诉他们什么是需要知道的；尽可能多地演示给他们看；在培训过程中创造让他们参与的机会。下面是对辅助性材料的具体要求：

阅读材料：与幻灯片保持一致；提供给学员可以让他们做笔记的材料；参考材料不需要做笔记，可以在培训后参考阅读。

视觉材料：幻灯片、场景、图形、标语、图片、照片、图画、录像片、令人愉悦的环境等。一个好的视觉材料需要具备三个基本规则，也就是 3B 原则：字体足够大、醒目、美观。

听觉材料：包括令人感兴趣的声音、音乐、故事、对话等，比如访谈对话。准备听觉材料时应注意以下几点：音调——有变化的；节奏——保持一定的节奏；音量——有足够的音量但不要大喊；发音——发音清楚。

感觉材料：包括可以实践的材料，可以闻的、可以品尝的、可以触摸的材料。比如受训者工作中需要的工具、设备、软件等。

培训师个人的资料：每一位培训教师都应该准备适合自己的材料，并选择适合自己的方式来使用。

【资料 10】

表 6　辅助性材料相关信息清单

阅读材料	
视觉材料	
听觉材料	
感觉材料	
其他材料	

【资料 11】

对于一些涉及比较深的专业理论或前沿技术问题的培训项目，企业通常会从外部聘请教师，如专业咨询公司顾问或者此领域的专家、学者。

1）企业外部培训师（客户、供应商师）

对于一些专业性比较强的商品，企业可能会邀请一些供应商公司的职员对本公司职员进行培训。而客户企业也会派遣专业人员对公司的职员进行设计、生产方面的辅导，以期达到他们的业务需求。XX 银行此次对业务人员的培训重点不在于专业知识，通过供应商、客户和员工之间的交流很难提升业务人员的创新能力、收集市场信息和维护客户关系的技能。

2）企业内部培训师（内部员工）

已经处于成熟期的企业或一些需要定期开展的培训项目，一般从内部开发教师资源。内部开发的培训师与外部培训师相比，在某些方面有着很大的优势，如他们对企业文化、企业环境、培训需求等比较了解，而且他们可能与受训者熟识，这样也有利于相互之间的交流。就 XX 银行而言，银行本身的培训体系有较多的弊端，且 A 分行比较注重通过此次培训引进新的想法和理念，因此选择企业内部培训师很难实现这样的目标。

（资料来源：上海踏瑞科技有限公司软件，网址：http:// 192.168.78.230: 1114/）

【资料 12】

表 7　内、外部培训师对比

	优点	缺点
外部培训师		
内部培训师		

实训项目 5

培训项目实施

实训目的

培训项目的实施是把培训计划付诸实践的过程，其中包括培训师的选择，培训时间和场地的安排，教材和讲义的准备，培训实施过程中的控制、纠偏与危机处理等。

实训所要达到的目的有以下两方面：

（1）掌握培训实施的主要内容、步骤。

（2）了解培训实施的基本原则、识别培训实施中的问题并能找到解决对策。

实训步骤

（1）阅读实训资料 1，然后进行分小组讨论，请小组成员共同设计一份《面试礼仪培训计划书》；

（2）根据《面试礼仪培训计划书》实施培训计划，分角色扮演培训讲师和受培训学员，并完成教案设计；

（3）对各种类型的场地进行比较，完成实训资料 4。

实训报告

实训报告应包括以下内容：

（1）设计一份《面试礼仪培训计划书》；

（2）记录面试礼仪培训实施前的准备工作，实施中发现的问题及解决办法，总结培训实施的经验教训。

评分要点

（1）培训计划书安排合理，内容详细，符合逻辑。

（2）实训报告反映培训过程中的真实情况，书写符合规范。

实训资料

【资料1】

面试礼仪与技巧

1）准时

面试时头等重要的事情就是准时，准时参加面试，最好是提前到，这样可以整理一下自己的仪表和服饰，能够以饱满的精神出现在主试面前。面试的介绍并不是不必要的重复，而是为了加深印象，给对方以立体的感觉。自我介绍一般要求简短，可以说：您好，我叫××，很高兴能够有机会到贵公司参加面试。

2）接受对方名片

假如对方递送名片，应以双手接过来，并认真看一看，熟悉对方职衔，有不懂的字可以请教，然后将名片拿在手中。如果是在谈话中，从口袋里取出名片来看，会让人感到不够有诚意，进而给对方不良的印象。最后告辞前，一定要记住把名片放入自己上衣兜里以示珍重，千万不要往裤袋里塞。

进入主考官的办公室，一定要先敲门再进入，等到主考官示意坐下再就座。如果有指定的座位，坐在指定的座位上即可。如果没有指定的座位，可以选择主考官对面的位子坐下，这样方便与主考官面对面地交谈。千万别反客为主，面谈还没有开始就先丢一分。

3）自我介绍

自我介绍要讲究分寸。当主考官要求你作自我介绍时，不用像背书似的把简历上的一套再说一遍，那样只会令主考官觉得乏味。用舒缓的语气将简历中的重点内容稍加说明即可，如姓名、毕业学校、专业、特长等。主考官想深入了解某一方面时，你再作介绍。用简洁有力的话回答主考官的提问，效果会很好。

4）回答问题

面谈时，一般情况下，应该有问必答。当主考官提出的问题令人感到受冒犯或者与工作无关时，有礼貌地回问为什么问这样的问题，或者委婉地回答："对不起，我不知道这个问题与我应聘的职位有什么关系，我能不能暂时先不回答这个问题呢？"决不能很生硬地拒绝："我不能回答这样不礼貌的问题。"或者"怎么会问这么不礼貌的问题？"毕竟对方是主考官，触犯了他就有可能失去这份工作，即使被录取了，在日后的工作中也会有所不便。此时此刻，不能意气用事，或者表现得不礼貌、不冷静。拒绝是可以的，但口气和态度一定要婉转、温和。

5）运用表情

“眼睛是心灵的窗户”。求职面试时，面试者与主试者的关系往往有两种情况。一是“一对一”的关系，即面对一个主试者；二是“一对多”的关系，即面对多位主试者。这两种情况，面试者的目语运用是不一样的。在“一对一”的情况下，应试者的目光要注意的是：第一，注视对方，目光要自然、和蔼、亲切、真诚，不要死盯对方的眼睛，搞得对方极不自在，也不要在局部内上下翻飞，使得对方感到莫名其妙。不要东张西望，左顾右盼，显得心不在焉；不要高高昂起头，两眼望天，显得傲气凌人，这些都是不好的表现。第二，注视对方时要注意眨眼的时间和次数，不宜过长也不宜过多。眨眼时间超过一秒钟就变成闭眼，给对方感觉对他不感兴趣。眨眼次数过多，会让对方怀疑你对他讲话的真实性。第三，在谈话过程中难免会碰到双方目光相遇，这时注意不要慌忙移开，顺其自然地对视几秒钟，再缓缓移开，这样显得心地坦荡，容易取得对方的信任。否则，一遇到对方目光就慌忙移开的人，会引起对方的猜疑。在“一对多”的情况下，求职者的目光不能只注视中间一位主试者，而要兼顾到在场的所有主试者，让每个人都感到是在注视他。具体方法是，以正视主试者为主，并适时地把视线从左至右，又从右至左地移动，达到与所有招聘人同时交流，避免冷落一位招聘人，但注视的次数不宜过多，这样就能获得他们的一致好评。

（资料来源：http://www.7y7.com/bd/384463.html）

【资料 2】

表 1　面试礼仪培训课程描述

项目名称：面试礼仪培训
课程名称：
课程时间：
课程目的：
目标学员：
前期准备：
（1）受训者：
（2）培训者：
培训教室要求：
所需资料：

（续表）

课程内容	教师角色	学员角色	时间安排
			9:00—10:30
			10:30—10:45
研讨：	辅导、点评	讨论	15:30—16:00
结束	回答问题	提问	

【资料 3】

表 2　面试礼仪培训课程教案设计

教学目标	
教学对象	
教学课时	
重点与难点	
教学准备场地器材	
教学内容设计	
教学反思	

【资料 4】

表 3　场地比较

类型	优点	缺点
传统式		
U 型		
圆桌式		
小组式		

实训项目 6

角色扮演培训法

实训目的

角色扮演培训法是在一个相对真实的模拟工作情境中，要求学员按照虚拟的工作条件所应该具备的权责来担当角色，处理工作事务，提高完成工作职责的能力。

实训所要达到的目的有以下两方面：

（1）了解角色扮演方法的实施步骤。

（2）掌握角色扮演方法的培训技巧。

实训步骤

（1）阅读实训资料，然后进行分组，每个小组 5~7 人，各个小组选出角色扮演者，角色分别为可口可乐公司员工（1 人）、记者（1 人）、难民（2 人）、观察员（1~3 人）。

（2）扮演者根据自己扮演的角色，准备好自己的发言，适应自己的角色，观测者要做好相应的记录。

（3）扮演者开始相关任务，相关人员做好记录（文字、图像或者照片）。

（4）扮演活动结束后，每个扮演者发表自己观点、做出总结。观察员对表演者做出评价，指导老师做出总结评价。

实训报告

实训报告应体现以下内容：

（1）角色扮演培训实验方法、过程、实验结论；

（2）实验中存在的问题分析及解决对策，报告不少于 1 000 字。

评分要点

（1）实训报告内容完整。

（2）编写语言流畅，文字简洁，条例清晰。

实训资料

角色扮演培训

如果你是可口可乐公司的员工，你在一辆载着过期面包的卡车上，准备到偏远的地区把这些面包销毁，但在半路遇见了一群难民，他们十分饥饿，难民把路给堵住了，当场还有刚刚赶来的记者，那些难民知道车里有吃的。请问你，你会怎样处理这件事情，不让记者报道我们公司把过期的面包给人吃，又让难民可以吃掉这些不会影响身体的救命面包。（注：车不可以回去，车上只有面包，不可以贿赂记者。）

实训项目 7

团队建设培训法

实训目的

团队建设是为了实现团队绩效及产出最大化而进行的一系列结构设计及人员激励等团队优化行为。团队建设目前在很多公司进行的企业文化建设中较为常见流行。

实训所要达到的目的有：

（1）掌握团建游戏实施步骤，培训学生在活动中的组织能力、表达能力、分工协作的能力以及灵活处理问题的能力。

（2）完成团队建设游戏实训报告。

实训步骤

（1）阅读实训资料，然后进行小组讨论，从资料中选取 1~2 个小游戏，分头准备好相应的游戏道具；

（2）在实训报告中记录团建游戏遇到的问题及解决措施；

（3）完成实训报告，最后评定成绩。

实训报告

实训报告应体现以下内容：

（1）记录团建游戏中遇到的问题及解决措施。

（2）总结开展团建的经验和心得体会。

评分要点

（1）分析问题到位，解决措施有针对性。

（2）按照要求完成实训报告，内容完整。

实训资料

1）穿越地雷阵

准备材料：蒙眼布、粉笔、一些瓶子或者报纸（代表游戏中的“地雷”）

选一块宽阔平整的游戏场地，每两人一组。给每对搭档发一块蒙眼布，每对搭档中有一个人要被蒙上眼睛，眼睛都蒙好之后，就可以开始布置地雷阵了。用粉笔在地上画两根长直线，直线间距离约为15米（30英尺）。这两根直线标志着地雷阵的起点和终点。 在两线之间尽量多放上饮料瓶、报纸等代表地雷。被蒙上了眼睛的队员原地转了三圈以后，在同伴的牵引下，走到地雷阵的起点处，挨着起点站好。他的同伴后退到他身后两米处。

致游戏开场白，开场白示例如下：“几天前，你和你的同伴因叛乱而被捕，被一起关在一间牢房里。黎明前，你的同伴侥幸逃了出去。可糟糕的是，他非常不熟悉牢房外面的情况。这是一个没有月亮的夜晚，外面漆黑一片，伸手不见五指。为了逃离危险，你的同伴必须穿过一个地雷阵。你很清楚地雷阵的布局和每个地雷的位置。可是你的同伴不知道，你需要以说话的方式，在他穿越的时候为他指引方向。如果你的同伴在穿越的过程中碰到或撞到了地雷阵中的其他人，他必须静止30秒后方可移动。如果他不小心碰了‘地雷’，那么一切就都结束了，你们小组将被淘汰出局。天很快就要亮了，你的同伴必须尽快穿过地雷阵。一旦天亮，哨兵就会发现地雷阵中的人，并开枪将他们击毙。赶快开始行动吧！祝你们好运！”

2）不要激怒我

准备材料：白纸、笔、桌凳、计时器

将学员每 3、4 人分为一组，但是要确保组数是偶数。给每个小组一张白纸，让他们在三分钟之内用头脑风暴的方法列举出尽可能多的会激怒别人的话语，比如：“不行”“这事你都办不好”“这是不可能的”等（注：脏话除外），每一个小组都要注意不让其他小组知道自己组想出的词汇。每两组进行一轮游戏，告诉他们：他们正处于一场商务场景当中，比如商务谈判，比如老板对员工进行业绩评估等等。

让每个小组将自己组的话语编成一个两分钟左右的剧本，剧本中要尽可能多地出现那些激怒人的词语，写剧本的时间控制在 5 分钟以内。剧本不能进行二次修改。一个小组先开始表演，另一个小组的学员在纸上写上他们所听到的激怒性词汇。表演结束后，让表演的小组确认他们所说的激怒性词汇，必要时对其做出解释，然后两个小组调过来，重复上述的过程。第二个小组的表演结束后，其他小组分别给表演的两个小组打分。接下来另外两组开始第二轮，直到所有小组都表演结束。最后比较各组的得分情况，分数最高的那组颁发“火上浇油奖”。

评分标准是：①每个激怒性的词语按照激怒程度（主持人界定激怒的程度）给 1~3 分不等；②如果表演者在使用这些会激怒对方的词语时，仍能表现出真诚、合作的态度，另外加 5 分。

3）纸杯运水

准备材料：纸杯、水、较大的盛水容器、计时器

6 人（三男三女）为一组，排成队（最好是男女穿插着站）。每组选一个人负责往第一个人纸杯里加水，其余的所有人口中各叼一个纸杯。第一个人将自己杯内的水倒出给第二个人，第二个人再将接下来的水倒给第三个人，依此类推。队员要做的就是将第一个人杯中的水尽可能多的传递下去，由最后一个人传递到事先准备好的大杯子里。不能用手，只能靠脑袋和身体的倾斜来倒水。第一个人的杯子空了就可以立刻加水，运水可以反复进行。十分钟内，最后哪个队运的水多，哪个队就获胜。

4）心有灵犀

准备材料：写有词语的卡片、计时器

每两人为一组参与该游戏。每组中一人可以看到卡片上给出的词语，另一位同学则看不到。看到词语的同学要将自己看到的词语以各种肢体语言展示给另一位同学，另一人则要以最快的速度猜出他所展示的词语。猜词过程中，看到词语的其他同学不可以说出词条中的任何一个字，否则该词条作废。如果遇到难以表达或者难以猜测的词语，游戏双方都可以选择放弃，但每组有两次放弃的机会。每组有两分钟的时间，猜中词语多的小组获胜。

（资料来源：上海踏瑞科技有限公司软件，网址：http://192.168.78.230:31114/）

实训项目 8

培训效果评估方案设计

实训目的

培训效果调查是指企业在某个项目或课程结束后，收集培训成果信息、了解培训目标达成程度。

实训所要达到的目的有以下两方面：

（1）学会设计培训效果评估方案。

（2）学会设计培训效果调查问卷、实施培训效果调查。

实训步骤

（1）根据实训项目 5，进行分小组讨论，制定培训效果评估方案；

（2）选择培训效果调查的方法，设计调查问卷、访谈问卷，制定经费预算；

（3）根据培训效果调查问卷、访谈问卷实施调查，小组成员可分角色扮演培训讲师、受培训学员、评估人员；

（4）教师与学生参与点评，完成调查报告，最后评定成绩。

实训报告

实训报告应体现以下内容：

（1）设计培训效果评估方案。

（2）完成问卷调查、访谈调查并进行数据资料的整理。

评分要点

（1）培训效果评估方案设计合理。

（2）调查问卷、访谈问卷设计合理。

实训项目 9

培训效果评估

实训目的

培训效果评估是指企业在某个项目或课程结束后，收集培训成果，对培训效果进行总结性的评估、检查以衡量培训是否有效的过程。

实训所要达到的目的有以下两方面：

（1）掌握培训评估模型，尤其是四级评估模型。

（2）掌握培训评估的实施流程。

实训步骤

阅读实训资料，然后进行分小组讨论，运用四级评估模型，设计一份培训评估表，计算该企业培训的投资回报率，并撰写评估报告。教师与学生参与点评，最后评定成绩。

实训报告

实训报告应体现以下内容：

（1）培训效果评估的目的、原则，选择的评估方法，评估实施的结果。

（2）四级评估模型各个层次对应的调查问卷或访谈问卷。

评分要点

（1）调查问卷、访谈问卷设计合理、符合逻辑。

（2）评估报告内容完整、符合规范。

实训资料

【资料 1】

XX 银行 A 分行培训实施回顾

根据外部环境变化，国家颁布了促进该地区企业发展及产业转移的政策，公司据此设定了发展公司类贷款以及与其有关的交叉营销业务的战略。为了更好地实现这一战略规划，公司对营销部门的培训需求进行了调查，通过培训主管部门工作人员、目标岗位员工代表、上级领导、其他同事代表、外部专家等开会共同讨论以及全体目标岗位员工填写相关问卷得出此次培训的重点：一线营销人员需要加强在产品创新能力、市场分析能力以及客户管理关系能力等方面的培训，以具备分析市场、争取客户以及更好地完成业绩指标的能力。

因此，A 行针对一线业务人员需要提升的几项素质，制订了多方位的培训计划。首先，由业务部部长为参加培训的一线业务人员介绍 A 行现有的公司类贷款业务各类产品及现在的创新方向。要求学员在参加完这项培训后能够熟知每个产品的特性和适用目标客户的特性，更好地完成业务指标。并且，能够在熟练掌握每个产品的同时，乐于创新，制订出更符合目标客户和 A 行共同利益的新产品。其次，A 行还邀请了总部培训部的专家为一线业务人员传授营销技巧、潜在客户、目标客户和现实客户资料库的建立和深度挖掘技巧。一个庞大的、优质的客户资料数据库是成功开展业务的前提。同时，A 行还邀请了几名资深的业务人员对一线的业务人员进行 CRM 系统操作的辅导。除此之外，贷款的评级、授信、贷款调查环节中的资料审阅、实地调查、分析判断、撰写调查报告、提出评级授信和贷款方案等关键事项的基本技能也是一线业务人员需要受训的技能。基于现在一系列的国家政策为部分企业的贷款带来了便利，为了抓住这部分的企业客户，A 行聘请了行业内的资深专家向一线业务人员讲授国家的产业、行业和信贷政策。培训的最后一个重点是要使受训者掌握公司类金融业务营销技巧，这是做好业务的重要技能。A 行将定期组织不同的资深业务人员对这些一线业务人员进行培训。

【资料 2】

结果评估是评估企业培训的投资回报率。即培训或人力资源开发工作是否改善了组织的绩效，这涉及对组织绩效改进的监控。经过培训以后，组织的运作效率是否提高，盈利是否增多，服务水平是否上升。通常在测量这个指标时需要收集和分析经济和运营方面的数据。本步骤提供了案例中企业的培训成本分析表和回报分析表，你需要按照自己对培训结果评估的理解，计算出该企业的投资回报率。

表 1　XX 银行 A 分行培训成本分析表

1. 直接成本	
1.1 外聘专家费用	0 元
1.2 内部教员—1 天×4 人×1200 元/人/天	4 800 元
1.3 培训资料—20 人×150 元/人	3 000 元
1.4 教室和视听设备租赁费用 1 天×1500 元/天	1 500 元
合计直接成本：	**9 300 元**

（续表）

2. 间接成本	
2.1 培训管理	0 元
2.2 文秘/行政工作—1 天×5 人×200 元/人/天	1 000 元
2.3 邮寄、运输、通讯费用	500 元
2.4 培训前后所用的学习资料 10 元×20 人	200 元
合计间接成本	**1 700 元**
3. 开发成本	
3.1 购买项目的费用	0 元
3.2 注册费用	0 元
3.3 旅行和食宿费用	5 000 元
合计开发成本	**5 000 元**
4. 一般管理费用—直接、间接和开发费用总和的 10%	**1 600 元**
合计一般管理费用	**1 600 元**
5. 培训期间受训者领取的工资和福利	**7 000 元**
合计	**7 000 元**
培训成本合计	**24 600 元**
平均培训成本	**1 230 元**

表 2　XX 银行 A 分行培训回报分析

运营结果	测量方法	培训前状况	培训后状况	差异（＋或－）	人民币金额
信贷收益	信贷业务所产生利润	852 万元	874 万元	22 万元	22 万元
录入客户增长	CRM 系统中所录入客户数量总额	361 个	428 个	67 个	无法用人民币计量
防止贷款坏账	坏账数量 每笔坏账所产生的拍卖质押物和管理费用	24 笔/年 480 万元/年	18 笔/年 360 万元/年	80 万元/年	80 万元/年

请你通过 XX 银行 A 分行的培训成本分析以及培训收益情况，计算培训的投资回报率（ROI=回报/投资*100%=收益增加额/培训成本*100%，保留两位小数）。

（资料来源：上海踏瑞科技有限公司软件，网址：http://192.168.78.230:31114/）

实训项目 10

员工开发

实训目的

员工开发是指为员工未来发展而展开的正规教育、在职体验、人际互动等活动，以及在组织中为员工未来发展而开展的各种开发活动。

实训所要达到的目的有以下两方面：

（1）学会如何制订新员工培训与开发方案。

（2）掌握不同层级管理者开发。

实训步骤

（1）阅读实训资料 1，分小组进行讨论，完成新员工培训方案及流程图；

（2）根据实训资料，设计一份新员工培训须知；

（3）根据实训资料，设计一份培训费用的明细表；

（4）设计一套反馈表，包括岗位培训反馈表、公司整体培训考核表、新员工试用期内表现评估表、新员工试用期绩效考核表。

实训报告

实训报告应体现以下内容：

（1）新员工培训方案；

（2）不同层次的管理者开发。

评分要点

（1）新员工培训方案设计合理、内容完整、有可行性。

（2）不同层次的管理者开发内容完整、合理。

实训资料

【资料 1】

揭秘 IBM 培训体系：企业活过 100 年的奥秘

一、IBM 培养“新蓝”——新员工培训

所有的 IBM 新员工都是“新蓝”，包括大学刚毕业就加入 IBM 的“纯蓝”。IBM的新员工培训一般都在本土进行，培训按照新员工的职属不同被分为两类。一类是针对业务支持的员工，主要包括行政管理人员，即Back-Office；另一类是销售、市场和服务人员，占公司员工的大多数，称为 Front-Office。社会招聘而来的新员工进行培训时，因为他们具备工作经验，进行的培训要比校园招聘的新员工精简一些。

1）Back-Office 培训

对新进入 IBM 公司的行政管理人员，要经过两个星期的培训，目的是了解 IBM 的企业文化、政策等公司概况。之后回到自己的岗位上，跟着一名指定的“师傅”（tutor）边工作边学习，这也就是常说的 IBM“师傅徒弟制”，以便于新员工边干边学、尽快熟悉工作。

2）Front-Office 培训

对新进入IBM公司的销售、市场和服务人员，则需要先经过3个月的集中强化培训，回到自己的工作岗位之后还要接受 6~9 个月的业务学习。进入 IBM 的“纯蓝”们不会像一个迷茫无助、不受重视的个体。IBM 首先会对他们进行四个月的全面培训，之后，会按照职位需要和个人能力分配到 IBM 相关的部门。接着，会展开针对新员工的指导计划，以帮助新员工分享老员工的知识和经验。不仅如此，以“培养 IBM 的未来之星”为目标的“个人发展链（EDC）”将伴随着新员工在IBM成长、成熟乃至担当大任。

3）新员工培训之魔鬼训练营

IBM的入职培训里有一个阶段称为“魔鬼训练营”。许正在他的《与大象共舞——向 IBM 学转型》一书中记录了他参加魔鬼训练营的那段日子：参加这个在业界闻名遐迩的培训，的确是一次非同寻常的经历。四个月时间我只有两次回家探亲的机会，其余时间全部封闭在培训的酒店里。四个月时间被分为三个阶段。现在回想起来，当时上那样的课程真是一种奢侈。正是这四个月封闭式的魔鬼训练打造了我基本的职业素养和职业技能，使我受用终身。第一阶段的学习就给了我一个下马威。在连续一周的密集培训中，每堂课都是讲产品知识，因为我在 IT 方面是门外汉，一些专业知识听得云里雾里。最有挑战的是当天讲完的课程第二天早上就要进行考试，成绩低于 70 分就算不及格。所有考试的成绩平均下来作为第一个阶段的成绩。规则是，所有人的成绩按照高低排名，前 25%得分为 1，最后 25%为 3，中间的 50%为 2。在三个阶段里，如果有两个阶段落在最后 5%就要回家。也就是说，如果别人都考了 100 分，而我考了 99 分，对不起，那也得回家。这其实就是对市场法则的模拟，在市场里没有最强，只有更强，市场也不同情弱者。第二阶段的名称叫解决方案销售培训（Solution Selling School），历时一周。在这一周里我和大多数同学一样，可能睡眠时间加起来不超过 10 个小时。第二阶段，顾名思义是让所有参加培训的学员，不论是销售还是技术人员都要学会解决方案的销售，这也是 IBM 公司在郭士纳领导下从产品向解决销售转型之后的新的培训方式。这个阶段里面最有特点的，除了教授解决方案的知识和销售技巧之外，还要做非常多的模拟客户拜访的练习。我们这些学员模拟 IBM 的销售代表，IBM 从公司里请来许多资深的销售人员和经理扮演客户。客户拜访要求遵循在课程中学到的拜访客户的流程，包括问话的流程、应对的流程。IBM 的培训要求每个学员拜访客户的时候遵循一套标准化的方式：一开始与客户建立沟通，做一些客套性的寒暄，然后说明来意，与客户谈起业务问题，了解客户业务中碰到的挑战、困难，发现 IBM 可以在哪些方面能帮助客户解决问题。之后通过不断询问来锁定客户问题，对应地提出 IBM 解决方案和建议。在这个阶段中，所有人都体会到了什么是真正的魔鬼训练，这也是所有人体会最深、收获最大的培训阶段，大家知道了什么是团队，懂得了团队的真正意义，懂得了在团队中如何分享彼此的领导能力，如何共同协作，如何为了团队共同的目标做出妥协让步，同时高质量地完成工作，大家更懂得了如何在压力下创造出团队的出色业绩。我认为，这个出色的课程设计是使 IBM 公司从过去单纯的产品销售转向解决方案销售，从而在整合资源方面做得比别人更出色的原因之一。下个阶段是对前面两个阶段学到的内容的回顾和进一步的使用。四个月的封闭培训使每个人在培训结束的时候，都会发现自己发生了很大的变化。IBM 有句话说，不管你进来的时候是什么颜色，接受完入职培训之后都会变成蓝色，有点像给员工洗脑，让你对企业的价值观和行事方式形成高度的认同。

入职培训中这些课程的设计，一方面服务于 IBM 公司转型的战略目标，将总结出来的最佳销售流程和模式融入其中，同时利用行为科学的实践方法，在四个月的时间里，用体验式的学习手段使员工的思考和行为模式得以固化。IBM 通过这个培训，把新进入的员工塑造成自己想要的样子。参加完这门课程之后，他们将真的练就一身打上 IBM 烙印的“童子功”，成为蓝色 IBM 真正的一员。

二、领导力模型——转型期领导力培养的依据

IBM 在转型方面有一个非常好的领导力模型。郭士纳（1993 年开始，出任十年 CEO，期间让 IBM 营收获利皆创新高）引领 IBM 走向转型和变革之路的时候，在 1996 年发布了第一套领导力模型，包括 11 项领导素质和 62 个具体的领导特质。1999 年，IBM 将 62 个领导特质发展为 72 个。2004 年，为了配合新的转型步伐，IBM 将 11 项领导素质改为了 10 项，如下：

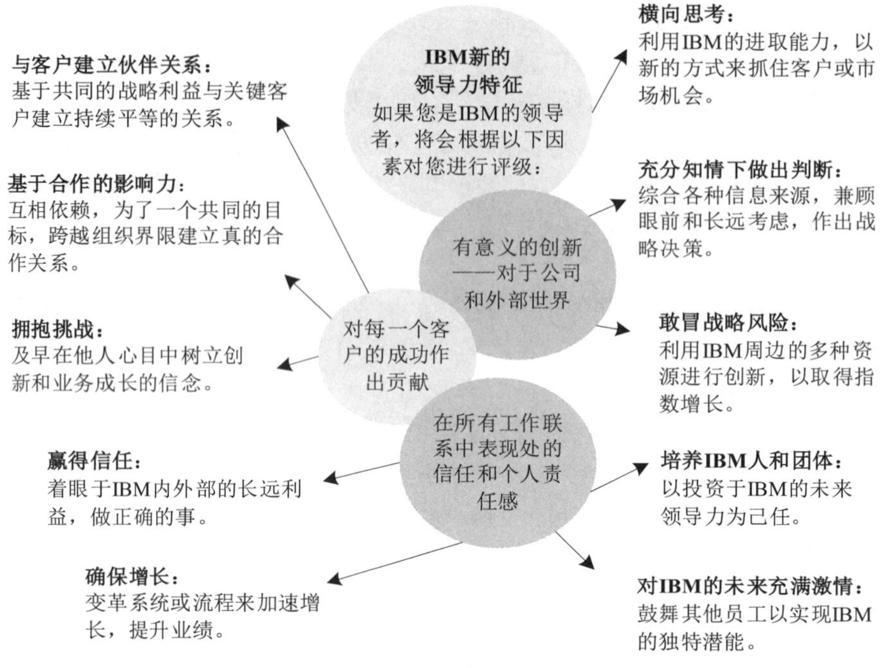

图 1　IBM 新时期的领导力模型

这套模型是由行为科学家根据 IBM 公司战略转型的目标和方向，经过仔细观察、访谈和研究，收集了卓越领导人的技能、行为特点、个性特点等种种资料，然后对这些资料进行有效的归纳和整理，最后建立起的一套领导力素质模型。后来，IBM 就是依靠它来评价、招聘、选拔管理者，并作为晋升的主要依据，从中发现差距，寻找培训机会，为管理者本人和他的管理团队提供领导力的发展规划。

在领导力素质中，最核心的是对事业的热忱。其他 10 项被郭士纳总结为致力于成功、动员执行以及持续动力。在 IBM，那些卓越的企业领导者的确具有这种最核心的特征：对 IBM 事业的热忱。在很多情况下，客户被说服不仅仅因为技术、解决方案或技术实力，更多的是被来访者的热情以及背后的自信所感染。将它作为 IBM 领导素质的核心真是太恰当不过了。在致力于成功方面，IBM 提炼了三个领导基本素质：对客户的洞察力、突破性思维和渴望成功的动力。在动员执行方面，包含了团队领导力、直言不讳、协作和决策领导力等四个要素。持续动力方面，IBM 的三条标准是发展组织能力、指导开发优秀人才和个人贡献。以上所有的领导特质，会被设计成相应的问卷以便于评估。当一位员工被初次提拔为经理时，这份问卷会发给他的上级经理、若干同事和下属进行回答。这样一个 360 度的评估会使其本人清楚地了解自己在 IBM 所要求的领导力素质方面处于哪个区段，以及从不同角度和深度了解自己的人格特质和管理风格。正是用这套完善的领导力素质模型和与之配套的反馈制度，IBM 将之纳入经理人的招聘、培养、评估、晋升体系并形成完善的机制，使得每一个经理人按照公司转型和变革的需要去塑造自己。最后，这些素质和领导能力也已经成了每个 IBM 经理人的竞争力。

三、人才新干线——为转型培养领导梯队

IBM 是一个能够培养“将军”和“元帅”的地方，这个企业的“人才新干线”就是为了全方位打造企业领导力的后备军而设的。IBM 后备力量的发展是从两个基本层面着手的。一个是优秀人才（Top Talent）计划，从 IBM 的员工队伍中选出 10%~15%的有突出表现和发展潜力的顶尖人才；一个是领导梯队，通过“长板凳接班人计划”确任每一个关键性职位的未来 3~5 年的接班人。并有针对性地制订培养计划。在制订培养计划的过程中，首先要从业务需求出发。通过人才需求的调查，访问各个业务部门的总经理，了解他们未来的业务计划及对未来人才的计划和需求。培养方法用简单的语言描述就是“向人学习，从做事中学习，从课堂上学习”。“向人学习”如做总经理的特别助理。“从做事中学习”如“岗位轮换”及作为“智囊团”参与由总经理主持的公司中长期业务发展战略规划。“从课堂上学习”则是为各种专业职位而量身订制的技能培训。评估是人才质量的保证。由一些高级经理、高级技术人员组成的认证资格审查委员会负责评估关键职位的候选人的资格和技能水平。在任用方面，通过“内部人才市场计划”把所有空缺的位置，先向内部员工公开。在个人与经理充分沟通的基础上，基于岗位标准及个人兴趣进行选择。“保留人才”就是让上述这些 IBM 选拔培养的人才承担更重要的责任，在公司里得到更大的发展。首先要与他们有很好的沟通，当一个人了解到自己是未来的接班人，他会知道这对他意味着的是公司的重视、更多的机会、更好的发展空间、更多的培养计划，同时也更加自信和努力，目标明确地向前发展。从人才生命周期规划、识别、吸引到雇用、融入、培育、激励、保留，不合格的则放弃，IBM 人才新干线计划是一个超越执行层面的单点计划，全面地满足企业对人才的全盘需求，并实现人才发展的路线图每个环节的连贯性。从中也可以看出，IBM 的人才管理体系实际上是以鉴别“好手”为目标的。留用人才，预防重于治疗。当一个人提出要走的时候，能留下来的可能性已经不大了，这与他是不是重要员工并无关系。所以主管必须及早知道哪些人是好手，在平常时间里照顾他们的需求，这叫早期鉴别。IBM 中国的 G100 计划，就是一种早期鉴别，因此高层都会备加重视，以防他们突然离职，造成公司的被动局面。IBM 人才新干线从人才战略的高度，通过大量的创新实践，打造出人才快速发展的体系架构。为企业持续发展输送源源不断的后备军。提高了企业核心。

四、长板凳计划：如何培养接班人？

IBM 的长板凳计划是指，现有管理者必须确定自己的岗位在未来 1~2 内由谁

来接任，在 3~5 年又由谁来接任。IBM 能够保证每个重要的管理岗位都有 2 个以上的替补人员。IBM“长板凳计划”是一个完整的管理系统，由相关的机制和文化保证。机制上，IBM 主管以上员工的绩效考核中有一项就是培养接班人；文化上，IBM 给管理者的一个角色定位是发掘和培养自己的接班人，同时，自己也是被挖掘和培养的对象。“Bench 计划”一词，起源于美国棒球比赛：在举行棒球比赛时，棒球场旁边往往放着一条长板凳，上面坐着很多替补球员。每当比赛要换人时，长板凳上的第一个人就上场，而长板凳上原来的第二个人则坐到第一个人位置上去，刚刚换下来的人则坐到最后一个位置上去。IBM 借用这个概念，在人才梯队建设时引用了“长板凳”。

（资料来源：http://m.sohu.com/a/166699535_28333）

【资料 2】

表 1　新员工培训项目

<table>
<tr><th>新员工培训项目</th><th>时间</th><th>培训内容</th></tr>
<tr><td>就职前培训</td><td>到职前</td><td>（1）致新员工欢迎辞
（2）让本部门其他员工知道新员工的到来
（3）准备好新员工办公场所、办公用品
（4）____________
（5）____________
（6）____________</td></tr>
<tr><td>公司整体培训</td><td>到职后第___天</td><td>（1）公司历史背景、公司组织结构、主要业务
（2）____________
（3）____________
（4）____________
（5）____________</td></tr>
<tr><td>部门岗位培训</td><td>到职后第___天</td><td>（1）到人力资源部报到，进行新员工须知培训
（2）到部门报到，部门经理致欢迎辞
（3）____________
（4）____________
（5）____________</td></tr>
<tr><td rowspan="3">部门岗位培训</td><td>到职后第___天</td><td>（1）一周内，部门经理与新员工进行谈话，回答新员工问题
（2）____________</td></tr>
<tr><td>到职后第___天</td><td>（1）____________
（2）____________</td></tr>
<tr><td>到职后第___天</td><td>（1）____________</td></tr>
</table>

【资料3】

新员工入职培训须知

各位学员：

欢迎您参加公司第 期入职培训课程！

公司培训中心

年 月 日

【资料4】

表2 培训费用明细表

培训课程名称		培训日期		培训地点	
培训费用估算		培训费用项目		培训估算明细	
		教材开发费			
		讲师劳务费			
		讲师交通费			
		………			

【资料5】

表3 不同层次管理者开发

不同层次类型	核心能力要求	开发内容	开发方法
基层管理者开发			
中层管理者开发			
高层管理者开发			

实训项目 11

员工职业生涯规划

实训目的

员工职业生涯规划是指确立职业目标并采取行动实现职业目标的过程。

实训所要达到的目的有：

（1）了解职业生涯计划基本理论。

（2）熟悉职业生涯设计的原理和环节。

（3）学会设计职业生涯规划书。

实训步骤

（1）阅读实训资料 1，然后进行分小组讨论，完成自我评估表、外部环境分析表、自我 SWOT 分析表。

（2）根据资料，完成职业生涯规划书。

实训报告

学生职业生涯规划书。

评分要点

（1）制订的职业生涯设计具有合理性。

（2）编写语言流畅，文字简洁，条理清晰。

实训资料

【资料 1】

大学生职业生涯规划书怎么写

我是 XX 专业的大一学生，大学转眼间即将走过四分之一的路程。褪去对大学的新鲜感，现在的我有些迷茫，但我不会放弃追寻梦想的脚步。我深知大学是人的一生中非常重要的一个时期，如果没有一个明确的目标，很容易在轻松舒适的环境中，没有了压力，迷失自我，丧失既定目标，最终在无所事事中虚度年华。2019 年大学毕业生达到 840 多万，在就业压力如此之大，就业形势如此严峻，房价如此昂贵的当下，怎样才能找到适合自己的工作，过上理想的生活呢？对我而言，给大学生活及未来的职业生涯做一个清晰而切实可行的规划非常重要。职业生涯规划能让我拨开迷雾，更进一步地认识自己，关注自己的特长，明确未来可能从事的职业及社会的要求，选择适合自己前进的道路，并确定努力的方向。这篇生涯规划书便是我对自己职业生涯计划的开始，里面包含了五大部分：认识自我，环境分析，职业分析，具体执行计划，调整评估。我从多个角度分析自我，认识职业，探索未来，只求让自己未来的生活更加美好，让自己的人生更加有意义，让自己成为对社会有用的人，这便是此篇生涯规划书的最终目的所在。

一、认识自我

1）我的基本情况

个人基本情况：姓名：XXX，性别：男，年龄：20，专业：计算机科学与技术，学历：本科在读，身高：175cm，我的理想职业：IT 行业首席技术执行官。本专业主要课程：高级语言程序设计、离散数学、数据结构、计算机组成原理、计算机操作系统、微型计算机原理与接口、汇编语言、编译原理、计算机网络基础、软件工程、数据库原理及应用、面向对象程序设计 Java、C++、算法分析与设计、人工智能、人机交互、分布式与并行计算、软件开发环境、计算机图形学、计算机系统结构、嵌入式系统开发等。我的兴趣：根据霍兰德职业兴趣测量，我属于社会型（S）+企业型（E）+现实型（R）。喜欢与人交往、不断结交新的朋友。敢冒风险、有野心、抱负。有责任心、高效率、踏实稳重、细致有耐心、诚实可靠、控制欲强、喜欢支配别人，偏好于具体任务。爱好、特长：爱好看书，听歌，看电影，打篮球。我的性格：我是典型的狮子座，热情、阳光、大方，喜欢与人打交道。总爱领导他人，天生就不服输，要强，对成功的渴望指数很高。我的价值观：自我实现取向，经营取向与支配取向。渴望发挥个性，追求真理，尽力挖掘自己的潜力，施展自己的本领，不愿受别人指使，凭自己的能力拥有自己的“小城堡”，不愿受人干涉，独立主动性强，工作作风严谨，善于决断，做事有担当。我的能力：根据能力测试结果，我的数理能力、推理能力、语言能力和信息分析能力，察觉细节能力比较强，书写能力和运动协调能力一般。我已获得的奖项或证书：校级甲等奖学金、优秀学生干部、优秀团员。我已具备的经验：在一家教育培训机构教 20 名小学生学习简单的计算机编程知识，有 20 课时的教学经验。我目前的外语水平：大学英语四级，口语和写作比较一般。我目前的计算机水平：对计算机 C 语言、JAVA 有一定编程基础。我心中理想的生活：工作喜欢，收入足以过上小康生活，周末有空出去运动、聚餐、郊游，每年出去旅游 1~2 次。他人对我的看法和评价：父母——踏实，勤奋，比较自律，让人放心；朋友——值得信赖，靠谱，热情，好相处；老师——比较上进，做事积极认真，对于未来有自己的想法；同学——为人正直，热情豪爽，有时比较宅。

对我人生影响最大的 3 个人：李彦宏，百度 CEO；埃隆马斯克，Space X 创始人；马云，淘宝、阿里巴巴创始人。

2）我的 SWOT 分析

S：优势分析。喜欢做有创新性的工作，动手能力比较强。有责任心，喜欢结交朋友，乐于帮助他人。喜欢尝试和探索未知。

W：劣势分析。做事有时容易冲动，追求完美而拖延。当压力很大时，会变得慌乱。专业基础还不够扎实，在同专业学生中还不够突出。

O：机会分析。计算机专业的就业前景非常广泛，现代社会的各个领域及人们日常生活都与计算机科学技术有着紧密的联系。需要计算机相关专业毕业生的企事业单位、公司、外企很多。

T：威胁分析。计算机专业知识更新非常快，读了这个专业的，一般还是要接着读研究生。从就业方面来说，企业更喜欢有实际工作经验的，所以学生在学校时要多参与实践、实习。

3）认识自我小结

我是一个事业心强，注重个性发展的人。我看重的是能否最大限度地发挥自己特长、是否具有独立性、是否能发挥自己的潜力，施展自己的本领，而收入、地位及他人对自己的看法次之。根据测评结果：我适合从事与组织、策划协调、分析相关的工作；可以尝试需要胆略、冒风险且承担责任的职业，这与我的目标 CTO 相符。

二、环境分析

1）家庭环境分析

家庭经济能力不是很强，能维持正常的生活。父母是普通工人，收入水平一般。家庭文化氛围很好，一家人十分和谐。父母很开明，对我的选择非常支持，鼓励我勇敢追寻心中的理想。

2）学校环境分析

我所在的学校是一所重点理工科院校，专业在学校属于重点学科，重点专业，师资力量雄厚，硬件设施齐全。学院现有国家级计算机实验教学示范中心、IBM 主机系统教育中心（成都）和四川省软件测评中心等三个实验中心，信息产业部虚拟现实技术重点实验室、网络与数据安全实验室等五个省部级重点实验室。此外，我校还与国内外著名的计算机企业（包括 IBM、微软、Intel）等建立了联合实验室。一流的师资队伍、良好的教学与实验条件以及丰富的工程实践机会，使我们在工程素质以及应用计算机知识解决实际问题方面有大量的训练学习机会。

3）社会环境分析

随着人工智能、云计算、物联网工程、计算机科学与技术、自动化、工业4.0 的发展，计算机相关专业的毕业生就业前景较好，发展潜力巨大。另外，我们国家历来非常重视计算机科学与技术。本专业 2008 年入选国家级特色专业建设点，2010 年通过教育部工程教育专业认证，在“武书连 2011 中国大学研究生院工学各学科排行榜”中专业排名全国第九位。历年来，本专业毕业生得到 IT 企业的高度认可，40%左右学生进行研究生学习，众多学生在国内外一流 IT 企业高薪就业。随着互联网技术的快速发展，计算机专业毕业生就业前景还是不错的。

三、职业分析

1）专业方向选择

本专业涵盖的专业方向包括：网络与分布式计算、计算智能、多媒体技术以及嵌入式技术等，其中，我对计算智能非常感兴趣，认为这个方向的发展潜力更大。

2）行业分析

各个行业几乎都有计算机技术的应用，比如工业、农业、银行，航空，政府部门等。这些应用促进了经济和社会的发展，使得人们的工作更加高效，同时提高了生活质量。我希望毕业之后可以在著名 IT 五百强企业发展，成为一名技术型人才。

3）职业和行业分析小结

通过上述分析，我对未来已经有了初步的职业定位，对如今的就业形势和就业压力有了进一步了解。竞争是残酷的，市场不怜悯弱者，不相信眼泪，适者生存，优胜劣汰。所以不管我选择什么职业路线，我都会抱着关注认真的态度，努力于提升自己的综合素质和能力，只有这样才能立于不败之地。

四、具体执行计划

1）大学期间（2018—2022 年）

大学期间，我需要刻苦学习，掌握扎实的计算机科学技术和计算机工程知识与技能，系统地掌握自然科学基础知识、计算机科学理论、计算机软件、硬件系统及工程应用、计算机网络、软件工程、信息系统和系统集成的知识。培养分析、解决本领域问题的能力，以及良好的实践技能和外语运用能力。不断提升自己各方面的综合素质，增强就业竞争力。我的计划如下：

（1）努力学好专业知识，增强独立思考能力。学习绩点不低于3.0，高分通过英语的四六级、计算机二级和三级证书，熟练掌握计算机常用的编程语言。取得计算机相关资格证书。

（2）积极参加各类竞赛，比如计算机程序设计比赛和专业技能比赛。锻炼公众场合下的语言表达能力和抗压能力。此外，在提高专业能力的同时，我要不断增强自身的人文素养，广泛涉猎人文哲学书籍。

（3）加入一到二个社团，通过社团活动认识更多志同道合的朋友，锻炼人际交往能力，充实业余生活。

（4）认真学习各项技能知识，大二下学期积极寻找实习企业，争取到两家及以上IT行业相关的世界500强企业实习半年及以上。努力向优秀的同行学习，汲取他们丰富的经验。为日后当一名卓越的计算机工程师打好基础，做好准备。从大三下学期开始，积极参加学校和社会各类招聘会，积累面试经验，顺利通过面试，拿到工作的offer。

2）毕业后三年（2022—2025年）

顺利就业后，在某某五百强 IT 企业或公司踏实勤恳工作，低调做人，一步一个脚印，慢慢积累工作经验，向身边经验丰富的前辈多讨教取经，积极融入环境，快速提升各方面的能力，做一名技术过硬、能力突出的工程师。

3）毕业后十五年（2022—2032年）

我希望那个时候我已经成为计算机领域的专家和高级管理人员，我的能力受到广泛认可，我研发的产品走进千家万户，并在各行各业有广泛用途。不仅给企业带来丰厚的利润回报，也对社会有广泛的影响力。

五、调整评估

职业生涯规划是一个不断平衡各种变化和冲突的过程，当出现发现职业预期或者计划完成效果不佳的时候，我就及时回顾自我的计划和职业目标是否不合理或者不适合自己，及时调整修改自己的计划和目标。我将根据当下情况及时评估与修正。

1）调整时间

在一般状况下，定期（半年或一年）评估规划。总结不足和完成得较好的地方，将大计划化小，小化细。当遇到特殊情况时，随时进行评估以便及时对自己的规划做出调整。

2）职业目标评估

在职业生涯的道路上，难免会有这样那样的“不顺心”“不如意”，因为人生本来就不可能一帆风顺。假如一直无法在公司或企业得到升职的机会，那么我将考虑继续深造学习。

3）职业路径评估

我的职业发展路径为程序员—项目助理—项目经理—CTO，如果发展受阻，我将及时调整路径和发展方向。

六、结语

我们不能决定人生的长度，但我们可以掌控人生的宽度。人生是有限的，但我们的梦想却是无限的。一个人一生活着的意义不在于他从这个世界汲取了多少，而在于他对这个世界奉献了多少。奉献才是人生的真正价值。所以我们应该将自己的梦想赋予社会的责任，这样的人生才是更有意义的，才是完整的。作为大学生的我们，正处于人生中最美好的时期，面对现在过于激烈的社会竞争压力，我们应该要有充分的准备去在将来毕业后实现自己美好的梦想。我们需要在不断提高自我能力的同时，不断调整自己未来的方向，在知识上奠定良好的基础，在技术上不断地突破创新。虽然世界瞬息万变，我们无法掌控，我们唯一能做的就是面向未来，把握当下。改变，从现在开始。我将不断努力，朝着自己的目标前进。

（资料来源： https://www.zhihu.com/question/360636103/answer/943740512）

【资料2】

表1　自我评估表

	优点	缺点
自我评价		
家人评价		
老师评价		
亲密朋友评价		
同学评价		
其他社会关系评价		

【资料3】

表2　外部环境分析

	具体情况分析
家庭环境分析	
学校环境分析	
社会环境分析	
目标地域分析	

【资料4】

表3　自我SWOT分析

优势	
弱势	
机会	
威胁	

参考文献

[1] 陈国海．员工培训与开发[M]．北京：清华大学出版社，2016.
[2] 金延平．人员培训与开发[M]．沈阳：东北财经大学出版社，2016.
[3] 杜映梅．职业生涯管理[M]．北京：中国发展出版社，2006：166.
[4] 葛玉辉．员工培训与开发[M]．北京：清华大学出版社，2014.
[5] 王燕．培训管理实务[M]．北京：中国物资出版社，2010.
[6] 赵曙明．人员培训与开发：理论、方法、实务[M]．北京：人民邮电出版社，2014.
[7] 胡蓓，陈芳．员工培训与开发[M]．北京：高等教育出版社，2017.
[8] 刘少林．基于中高层管理人员素质模型的培训项目设计[J]．中国铝业，2007（4）:54-56
[9] BALDWIN T T , FORD J K.Transfer of Training: A Review and Direction for Future Research[J]. Personnel Psychology, 1998（41）:63-103
[10] FORD J K , QUINONES M A. Factors affecting the opportuinity to perform trained tasks on the job[J]. Personnel Psychology, 1992（45）:511-527
[11] KIMBERLY A S,EDUARDO S , MICHAEL B T. To transfer or not to transfer? Investigating the combined effects of of tranince characteristics , team leader support , and team climate [J]. Journal of applied psychology , 2001, 86（2）:279-292.
[12] NEWSTROM. Leveraging management development through the management of transfer [J]. Journal of management development , 1986 , 5（5）：33-45.
[13] 孙宗虎，姚小风．员工培训管理实务手册[M]．北京：人民邮电出版社，2009.
[14] 张红烈．生涯管理与高校人才培养模式创新[M]．北京：经济科学出版社，2011：35.
[15] 唐娜•邓宁．你的职业性格是什么[M]．杨良得，译．北京：电子工业出版社，2009：6.
[16] ROBERT C R，JANET G L，JAMES P , SAMPSON J R. 职业生涯发展与规划[M]．侯志谨，译．北京：中国人民大学出版社，2011: 25.
[17] ZUNKER，V G. Career Counseling: Applied Concepts of Life Planning [M]. Brooks /Cole: Thomson Learning，2002.
[18] HOLLAND. Making Vocational Choices [M]．2nd ed. Odessa，FL: Psychological

Assessment Resources. 1992.

[19] Krumboltz，J D. A Learning Theory of Career Counseling // SAVICKAS M L. Savickas W. B. Walsh (Eds)， Handbook of Career Counseling Theory and Practice [M]. Palo Alto, CA: Davies－Black, 1996.

[20] KRUMBOLTZ J D. A Learning Theory of Career Counseling // Savickas M L. Walsh W. Handbook of Career Counseling Theory and Practice[M]. Palo Alto, CA: Davies－Black, 1996.